Layth A. Hassnawi
R.B. Ahmad
Muataz H. Salih

Rede de Câmaras de Autoestrada (MCN)

Layth A. Hassnawi
R.B. Ahmad
Muataz H. Salih

Rede de Câmaras de Autoestrada (MCN)

Proporcionar Segurança e Gestão Eficaz de Viagens

ScienciaScripts

Imprint
Any brand names and product names mentioned in this book are subject to trademark, brand or patent protection and are trademarks or registered trademarks of their respective holders. The use of brand names, product names, common names, trade names, product descriptions etc. even without a particular marking in this work is in no way to be construed to mean that such names may be regarded as unrestricted in respect of trademark and brand protection legislation and could thus be used by anyone.

Cover image: www.ingimage.com

This book is a translation from the original published under ISBN 978-3-659-85276-3.

Publisher:
Sciencia Scripts
is a trademark of
Dodo Books Indian Ocean Ltd. and OmniScriptum S.R.L publishing group

120 High Road, East Finchley, London, N2 9ED, United Kingdom
Str. Armeneasca 28/1, office 1, Chisinau MD-2012, Republic of Moldova, Europe
Managing Directors: Ieva Konstantinova, Victoria Ursu
info@omniscriptum.com

Printed at: see last page
ISBN: 978-620-8-36911-8

Conteúdo

CONTRIBUINTES

LAYTH ABDULKAREEM HASSNAWI é doutorado em engenharia informática. Obteve o grau de Bacharel em Engenharia Informática pela Universidade de Tecnologia do Iraque em 1993 e o grau de Mestre em Engenharia Informática pela Universidade de Tecnologia do Iraque em 2002. Obteve o seu doutoramento na Universidade da Malásia Perlis em 2013. Os seus interesses de investigação centram-se em redes veiculares, modelação de redes de computadores e de comunicações utilizando simuladores de eventos discretos, redes sem fios e encaminhamento em redes móveis sem fios. Trabalhou como investigador no Ministério da Ciência e da Tecnologia (MOST), Iraque, de 1993 a 2009. Durante o seu período de trabalho no MOST, no Iraque, obteve o cargo de Presidente do Departamento de Design Eletrónico de 2003 a 2009. Além disso, durante o seu período de trabalho no MOST no Iraque, trabalhou como professor externo durante quatro anos no Ministério do Ensino Superior iraquiano. É membro sénior do IEEE, membro da British Computer Society (MBCS), da IEEE Computer Society e da Universal Association of Computer & Electronic Engineering (UACEE).

R. BADLISHAH AHMAD é professor na Universidade de Malásia Perlis. Obteve a licenciatura em Engenharia Eléctrica e Eletrónica na Universidade de Glasgow em 1994. Obteve o seu mestrado e doutoramento em 1995 e 2000, respetivamente, na Universidade de Strathclyde, Reino Unido. Os seus interesses de investigação centram-se na modelação de redes de computadores e de telecomunicações utilizando simuladores de eventos discretos, redes e codificação ópticas e sistemas integrados baseados em GNU/Linux para visão. Tem cinco (5) anos de experiência de ensino na Universidade Sains Malaysia. Desde 2004 até à data, trabalha na Universidade da Malásia Perlis (UniMAP). Atualmente, é o diretor da Escola de Engenharia Informática e das Comunicações e chefe do grupo de investigação em computação integrada.

MUATAZ H. SALIH é doutorado em engenharia informática. Recebeu os graus de B.Sc. e M.Sc. do Departamento de Engenharia Informática da Universidade de Tecnologia, Bagdade, Iraque, em 1998 e 2002, respetivamente. Em setembro de 2013, obteve o grau de doutor em Engenharia Informática, com especialização em FPGA Embedded Multiprocessor SoC. De setembro de 1998 a março de 2003, foi engenheiro de investigação na Military Industrialization Corporation of Iraq. De outubro de 2003 a junho de 2008, foi professor e gestor dos LABS da Faculdade de Engenharia da Universidade Privada Al-Kalamoon, em

Derattiah, Síria. De julho de 2008 a julho de abril de 2011, foi investigador no Underwater Robotic Research Group (URRG) na University Sains Malaysia (USM). Atualmente, em novembro de 2013, é professor sénior na University Malaysia perlis (UniMap), Malásia. É membro sénior do IEEE, membro da British Computer Society (MBCS), membro do Institution of Engineering and Technology (MIET) e membro sénior do IACSIT. Os seus interesses de investigação centram-se na conceção de sistemas digitais utilizando a tecnologia FPGA, sistemas incorporados (computação e controlo), arquitetura de sistemas informáticos, arquitetura de microprocessadores, interface com computadores, sistema de interferência ativa para mísseis laser e sistemas em tempo real.

PREFÁCIO

A crescente penetração da Internet e o desenvolvimento de tecnologias inovadoras incentivaram o rápido crescimento do sector da vigilância IP, impulsionando as mudanças no mercado da videovigilância. Espera-se que a vigilância IP venha a dominar o mercado de vigilância por vídeo num futuro próximo. A vigilância IP digitaliza os fluxos de vídeo e transmite-os através de redes, permitindo aos utilizadores ver e gerir o vídeo e as imagens remotamente com um dispositivo em rede, como um PC, a qualquer hora e em qualquer lugar. As redes baseadas em IP são mais económicas do que as analógicas e são também mais flexíveis, permitindo uma implantação mais rápida dos sistemas de segurança. Há dois métodos de transmissão de vídeo em uma rede IP: Unicast e Multicast. O unicast é o método mais estabelecido de transmissão de vídeo através de redes Ethernet e é uma conexão de um para um entre o cliente e o servidor. O Unicast usa métodos de distribuição IP, como o Transmission Control Protocol (TCP) e o User Datagram Protocol (UDP), que são protocolos baseados em sessões.

Nos últimos anos, tem-se verificado um interesse crescente nas aplicações de vigilância e monitorização por vídeo. As razões para este interesse são diversas, desde exigências de segurança, aplicações militares e outros objectivos científicos. Um objetivo importante dos sistemas de vigilância é recolher informações sobre o comportamento e a posição de alvos interessados no ambiente de deteção. Estes sistemas podem ser utilizados em muitas aplicações, tais como emergências de incêndio, sistemas de vigilância, casas inteligentes, etc. Recentemente, os sistemas de vigilância têm sido utilizados na monitorização de auto-estradas. A intenção inicial do sistema de vigilância de auto-estradas (MSS) era a de aplicações de melhoria da segurança, motivadas pela necessidade de informar os utentes das auto-estradas sobre as condições reais ou iminentes da estrada. O sistema de vigilância pode ser construído utilizando tecnologias de rede com ou sem fios. Cada tipo tem caraterísticas e limitações específicas, consoante o tipo de tecnologia de rede utilizada.

Os sistemas tradicionais de vigilância de auto-estradas baseados em redes de infra-estruturas com ou sem fios são concebidos para enviar a informação para um local pré-determinado (a "Estação de Base") para processamento e monitorização, ou então para pontos de gateway. Estes pontos de gateway enviarão então toda a informação para a Estação Base. Uma falha de conceção que necessita de ser melhorada é o facto de o sistema tradicional não permitir um acesso totalmente eficaz à rede do MSS por parte dos utentes da autoestrada.

Este livro aborda e explica os conceitos, mecanismos e modelação da conceção de um novo sistema de vigilância de auto-estradas utilizando uma rede local sem fios modificada. A nova conceção permite que os utilizadores da autoestrada acedam a dados de imagem obtidos por câmaras sem fios colocadas ao longo da autoestrada. Isto tem o potencial de melhorar a segurança, permitindo que os utilizadores da autoestrada conheçam livremente as condições reais ou iminentes do tráfego e da estrada. Por outro lado, este livro apresenta as metodologias de conceção de um novo protocolo de localização. Este protocolo foi desenvolvido para gerir eficazmente as operações de seleção, localização e pedido das câmaras desejadas, que são selecionadas pelos condutores dos veículos, sem utilizar GPS ou qualquer infraestrutura adicional. Este protocolo oferece uma nova técnica de localização de nós e de aquisição de imagens, que permite ao utilizador da autoestrada solicitar dados (imagens) de qualquer câmara do sistema de vigilância da autoestrada.

Este livro está organizado da seguinte forma. O Capítulo 1 apresenta os tipos de sistemas de vigilância, bem como os tipos de tecnologia de rede que são utilizados para construir os sistemas de vigilância. O Capítulo 2 apresenta a conceção, configuração e modelação de um novo tipo de sistema de vigilância de auto-estradas baseado em redes Ad Hoc para melhorar a segurança física dos utentes das auto-estradas. O Capítulo 3 apresenta as metodologias de conceção de um novo protocolo de localização para selecionar, encontrar e solicitar as câmaras desejadas que são selecionadas pelos condutores dos veículos.

LAYTH ABDULKAREEM HASSNAWI

Universidade da Malásia Perlis (UniMAP)

CAPÍTULO 1

CONCEITOS E APLICAÇÕES DE SISTEMAS DE VIGILÂNCIA

1.1. Introdução

Nos últimos anos, tem-se verificado um interesse crescente nas aplicações de vigilância e monitorização por vídeo. A vigilância baseada em câmaras é uma tecnologia importante para monitorizar locais, pessoas e bens, para aplicações de aumento da segurança física, melhoria dos serviços de saúde e recolha de dados científicos. Os sistemas de vigilância têm vindo a evoluir significativamente ao longo dos anos e tornaram-se uma ferramenta vital para muitas organizações. Inicialmente, era dominado por câmaras analógicas ligadas através de cabos coaxiais. Por razões de custo e desempenho, houve uma mudança para sistemas de comutação digital e, atualmente, para o fornecimento de dados com base em IP. As câmaras de vídeo estão agora a ser instaladas a um ritmo sem precedentes em aplicações que requerem a cobertura de grandes áreas [1-2].

Um sistema de vigilância representa uma combinação de câmaras ou sensores de vídeo para monitorizar de perto locais específicos. Existem diferentes níveis de proteção disponíveis, bem como várias funcionalidades que podem ser adicionadas ao sistema para o personalizar de acordo com necessidades específicas. O tipo mais comum de rede de sensores são as redes de câmaras. Estas redes são omnipresentes numa variedade de aplicações reais, incluindo vigilância, ambientes inteligentes e monitorização científica remota [3].

O Sistema de Vigilância de Auto-estradas (MSS) é um dos mais importantes tipos de sistemas de vigilância utilizados atualmente. É utilizado para recolher informações sobre o tráfego e as condições das estradas, como a densidade, os acidentes^, etc. Para que estes sistemas sejam eficazes, é necessário reduzir o custo e a dificuldade de implantação. No entanto, a implantação de uma rede de câmaras distribuídas em grande escala é dispendiosa devido à instalação e manutenção de cabos físicos. Assim, as redes sem fios tornaram-se uma alternativa adequada para ligar câmaras distribuídas [4]. A maioria dos tipos de MSS tradicionais é construída com base numa rede com fios ou numa infraestrutura sem fios, ou com base em ambos os tipos de rede ao mesmo tempo [5]. O sistema tradicional, que se baseia em redes com fios ou em redes sem fios de infra-estruturas, não permite um acesso totalmente eficaz à rede MSS por parte dos utentes das auto-estradas. O acesso à rede do sistema de vigilância tradicional exige infra-estruturas adicionais e software especial para permitir que os utentes das auto-estradas recebam os dados de imagem gerados pela rede de câmaras MSS.

Este capítulo fornece uma explicação sobre os conceitos de conceção de sistemas de vigilância. O resto deste capítulo está organizado da seguinte forma: A Secção 1.2 apresenta diferentes tipos de tecnologias de rede que podem ser utilizadas na construção de redes de câmaras de sistemas de vigilância, bem como os conceitos de acesso aos meios e de algoritmos de encaminhamento nestas tecnologias de rede. A Secção 1.3 apresenta os tipos de sistemas de vigilância. A secção 1.4 demonstra as aplicações dos sistemas de vigilância. Finalmente, a secção 1.5 resume este capítulo.

1.2. Tipos de tecnologias de rede

As tecnologias de rede que podem ser utilizadas para construir os sistemas de vigilância podem ser classificadas em três grandes categorias, com base na arquitetura de rede subjacente e no modo como a rede é construída [6]:

1. Redes com fios.
2. Infraestrutura de redes sem fios.
3. Redes sem fios sem infra-estruturas (redes ad hoc).

1.2.1. Redes com fios

Uma rede com fios representa a rede que é constituída por um número de estações (nós) ligadas entre si através de cabos [7]. A disposição física da rede com fios é designada por topologia de rede. As topologias de rede com fios mais comuns são: anel, barramento, árvore e estrela [8]. A Figura 1.1 mostra as topologias de rede com fios. Numa topologia em anel, um sinal transmitido circula através do circuito fechado e é depois copiado pela estação de rede de destino pretendida. O sinal é então absorvido pela estação original (nó de origem) que transmitiu o sinal. Numa Topologia em Barramento, o sinal transmitido é copiado pela estação de destino e o sinal é absorvido pelas resistências do ponto de terminação. As Topologias em Barramento e em Árvore são semelhantes na sua lógica de transmissão; no entanto, numa Topologia em Estrela, a transmissão de dados por qualquer estação na rede é controlada pelo Hub Central ou Router.

Existem três categorias de meios de transmissão disponíveis na tecnologia de rede com fios. Os fios de par trançado (TP), os cabos coaxiais e os cabos de fibra ótica são utilizados para ligar equipamentos numa rede [8]. Cada dois fios torcidos de um par trançado são usados para um canal de comunicação. Devido à facilidade de instalação, manutenção e custo mais baixo, os fios de par trançado blindado e não blindado (STP / UTP) são os métodos preferidos de conexão. Os fios de par trançado blindado (STP) proporcionam maior imunidade contra interferências electromagnéticas/ruído elétrico do que os fios de par trançado não blindado (UTP) [7].

1.2.1.1. Acesso aos meios de comunicação em redes com fios

A tecnologia de rede com fios utiliza três tipos de esquemas de controlo de acesso: MasterSlave, Token Ring, e Carrier Sense Multiple Access with Collision Detection (CSMA/CD) [7]. No esquema de rede CSMA/CD, cada nó está "escutando" o canal [9]. Se o canal de transmissão estiver ocioso, o nó que precisa de ter acesso ao meio tentará enviar ou receber dados. Além disso, o nó mantém-se "à escuta" para se certificar de que não há colisão de dados no caso de dois ou mais nós estarem a transmitir simultaneamente. No caso de uma colisão de dados, os nós transmissores reparam a situação "retransmitindo" os seus dados.

1.2.1.2. Roteamento em redes com fio

Os protocolos de encaminhamento para redes com fios lidam com a rede tal como ela é, dividida em dois níveis: intra-domínio e inter-domínio. O encaminhamento intra-domínio trata dos procedimentos de encaminhamento dentro de um Sistema Autónomo (AS) ou domínio de encaminhamento.

Os protocolos de encaminhamento normalmente utilizados são o protocolo de encaminhamento de vectores de distância ou o protocolo de encaminhamento de estado da ligação. Por outro lado, o encaminhamento inter-domínios trata de procedimentos de encaminhamento que abrangem vários sistemas autónomos. Os protocolos de encaminhamento tradicionais para redes com fios foram concebidos, na sua maioria, para lidar com falhas simples da rede, como a perda de ligações ou a avaria de nós, e para enfrentar intrusos maliciosos.

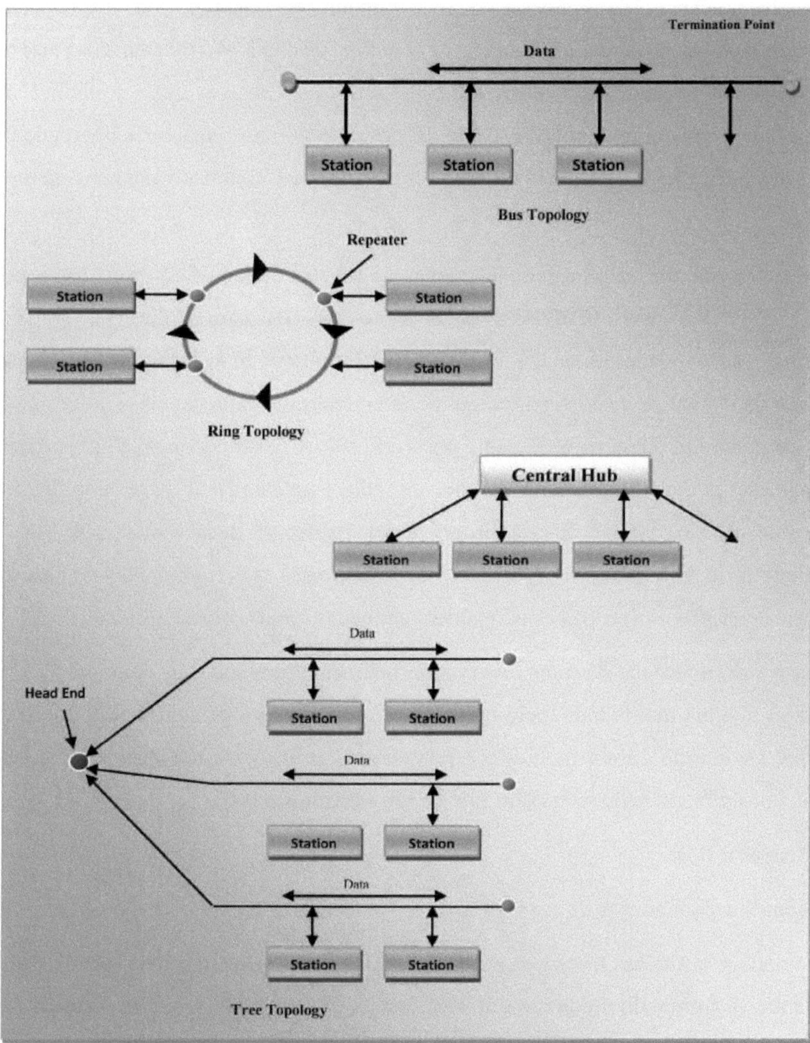

Figura 1.1: Topologias de redes com fio

1.2.2. Infraestrutura Rede sem fios

As redes sem fios referem-se à utilização de sinais de infravermelhos ou de radiofrequência para partilhar informações e recursos entre dispositivos. As redes sem fios são formadas por encaminhadores e anfitriões, tal como as redes tradicionais com fios [10]. Numa rede sem fios, os routers são responsáveis pelo encaminhamento dos pacotes na rede e os anfitriões podem ser fonte, destino ou nó intermédio. A diferença fundamental entre as redes com fios e sem fios é a forma como os componentes da rede comunicam. Uma rede com fios depende de cabos físicos para transferir dados. Numa rede sem fios, os dados são transferidos entre os diferentes componentes da rede através de um canal sem fios. Uma vez que a comunicação sem fios não tem o constrangimento dos cabos físicos, isto permite uma certa liberdade de movimentos aos anfitriões e/ou routers da rede sem fios. Esta é uma das vantagens de uma rede sem fios.

Nas redes sem fios são utilizadas diferentes gamas do espetro de radiofrequência (RF), por exemplo, 5,15-5,35 GHz para o IEEE 802.11a [11] e 2,4-2,58 GHz para o 802.11b [12]. Num meio sem fios, a intensidade do sinal é inversamente proporcional à distância que o sinal percorre. Quando o sinal se desloca para além de uma determinada distância, a intensidade diminui até ao ponto em que a receção não é possível [10]. A distância que o sinal percorre quando atinge este ponto é chamada de alcance de rádio para este sinal. Para simplificar o modelo de transmissão relativo a esta propriedade, assume-se que o sinal sem fios é suficientemente forte para que os receptores o recebam se estes estiverem dentro do alcance de rádio. Caso contrário, os receptores não podem de todo receber o sinal.

Nas redes sem fios, o alcance da transmissão é normalmente limitado e os componentes da rede podem ter alguma mobilidade, pelo que a topologia de uma rede sem fios pode variar com o tempo. De acordo com a mobilidade relativa dos anfitriões e dos encaminhadores, existem dois tipos diferentes de redes sem fios de infra-estruturas [10].

1. Rede fixa sem fios.
2. Rede sem fios com pontos de acesso fixos.

No primeiro tipo, os anfitriões fixos e os encaminhadores fixos utilizam canais sem fios para comunicar entre si, formando uma rede sem fios fixa, como uma rede sem fios formada por dispositivos de rede fixos que utilizam antenas direcionadas. No segundo tipo de rede sem fios, os anfitriões móveis utilizam canais sem fios para comunicar com pontos de acesso fixos, que podem funcionar como encaminhadores ou estações de base para esses anfitriões móveis, de modo a formar uma rede móvel com pontos de acesso fixos, como um conjunto de utilizadores de computadores portáteis móveis num edifício que acedem a pontos de acesso fixos (a maioria dos sistemas de vigilância tradicionais utiliza este tipo de rede sem fios).

1.2.2.1. Acesso aos meios de comunicação em redes sem fios de infra-estruturas

Os meios sem fios podem ser partilhados e qualquer nó pode transmitir em qualquer momento. Isto pode resultar numa possível contenção no canal comum. Se o acesso ao canal for probabilístico, a taxa de transferência atingível resultante será baixa. Um protocolo MAC é um conjunto de regras ou procedimentos que permitem a utilização eficiente de um meio partilhado [6]. Vários protocolos de controlo do acesso ao meio (MAC) são utilizados em redes sem fios para gerir a utilização do meio sem fios, como o protocolo da camada MAC IEEE 802.11 [13]. O protocolo de acesso múltiplo com deteção de portadora e prevenção de colisões (CSMA/CA) utilizado no protocolo MAC IEEE 802.11 foi proposto como protocolo padrão para redes sem fios, tendo sido também amplamente implementado em muitos bancos de ensaio sem fios e pacotes de simulação para redes sem fios multi-hop [13]. No entanto, existem muitos problemas nas camadas superiores do protocolo nas redes sem fios IEEE 802.11. Foi observado que o atraso dos pacotes aumenta drasticamente quando o número de nós activos aumenta. Os pacotes podem ser descartados devido ao estouro do buffer ou devido a contenções graves na camada MAC. Essas perdas de pacotes podem afetar os esquemas de rede de camadas superiores, como o TCP, o controlo de congestionamento e a manutenção do encaminhamento da rede [14].

1.2.2.2. Roteamento em redes sem fio de infraestrutura

A infraestrutura sem fios, em termos de estações de base, está frequentemente disponível em muitas zonas populares, oferecendo conetividade de dados de alta velocidade a uma rede com fios. Os protocolos de encaminhamento tradicionais, como o Open Shortest Path First (OSPF), que são utilizados em redes com fios, podem suportar o encaminhamento em redes sem fios fixas e redes móveis com pontos de acesso fixos [15].

Dado que a comunicação entre dois nós nas redes com um ponto de acesso fixo tem de ser efectuada através do ponto de acesso, neste tipo de rede só é necessário o encaminhamento de um salto numa ligação. No entanto, os protocolos de encaminhamento nas redes sem fios fixas que utilizam a técnica de encaminhamento de múltiplos saltos devem ser capazes de manter caminhos para outros nós e, na maioria dos casos, devem lidar com alterações nos caminhos devido à mobilidade relativa de alguns nós. Por conseguinte, os protocolos de encaminhamento tradicionais utilizados em redes com um ponto de acesso fixo não podem suportar corretamente o encaminhamento em redes sem fios com vários saltos [15]. O encaminhamento em redes sem fios com vários saltos representa um grande desafio devido aos seguintes factos:

1. As ligações sem fios não são fiáveis devido ao desvanecimento do canal.

2. As taxas de canal disponíveis podem diferir em diferentes ligações, uma vez que a qualidade da ligação depende da distância e da perda de percurso entre vizinhos.

3. Uma vez que o meio sem fios é de natureza difusa, a transmissão numa ligação pode interferir com as transmissões noutras ligações vizinhas.

Por outro lado, as redes sem fios híbridas (uma integração de redes com e sem fios) utilizam estações de base para evitar a sobrecarga de retransmissão de pacotes entre a origem e o destino, se necessário [16]. Presume-se que estas estações de base estão ligadas por uma rede com fios de elevada largura de banda e actuam como retransmissores para os nós sem fios, podendo os dados ser reencaminhados de forma multi-saltos ou através da infraestrutura [16].

1.2.3. Redes sem fios sem infra-estruturas (Ad Hoc)

Uma rede sem fios sem infra-estruturas é um sistema de rede sem fios autónomo constituído por nós independentes que se deslocam e alteram dinamicamente a conetividade da rede, sendo designada por rede ad hoc móvel (MANET) [17]. Cada nó pode comunicar com outros nós que se encontrem dentro ou fora do seu alcance de rádio [6]. Neste último caso, são utilizados nós intermédios para retransmitir ou encaminhar os pacotes da fonte para o seu destino. Uma rede sem fios Ad hoc é auto-organizável, auto-configurável e adaptável [6]. Isto significa que uma rede formada pode ser deformada em tempo real sem necessidade de qualquer administração do sistema. O termo "ad hoc" tende a implicar que "pode assumir diferentes formas" e "pode ser móvel, autónoma ou ligada em rede". Os nós ou dispositivos ad hoc devem ser capazes de detetar a presença de outros dispositivos do mesmo tipo e de efetuar o "handshaking" necessário para permitir comunicações e a partilha de informações e serviços [6]. Qualquer nó de uma rede ad hoc pode funcionar como fonte, destino ou nó intermédio entre qualquer fonte e o destino.

O conceito de Rede Ad Hoc Móvel (MANET) teve início no princípio da década de 1970 e era conhecido como Rede de Rádio de Pacotes (PRNET) [18-19]. O objetivo de uma PRNET era partilhar uma largura de banda e funcionar num ambiente dinâmico até à velocidade normal de um veículo [20]. A PRNET foi desenvolvida para uma rede com uma dimensão máxima de 50 nós [21]. Devido às limitações técnicas da altura, como o peso do equipamento, o consumo de energia e as capacidades de processamento, era demasiado dispendioso utilizar a PRNET para outras aplicações que não as militares [20]. Em 1983, foi criada a PRNET, e os nós podiam trocar dados entre si num ambiente PRNET e entre redes diferentes que utilizavam os mesmos protocolos.

As MANET podem ser utilizadas em muitas aplicações do mundo real, tais como, comunicações militares, comunicações veiculares, assistência em caso de catástrofe e redes tolerantes ao atraso [22-23].

1.2.3.1. Acesso aos meios de comunicação em redes sem infra-estruturas (Ad Hoc)

Nas redes ad hoc, os transmissores utilizam sinais de rádio para a comunicação. Geralmente, cada nó só pode ser um transmissor (TX) ou um recetor (RX) de cada vez. A comunicação entre nós móveis está limitada a um determinado intervalo de transmissão. E os nós partilham o mesmo domínio de frequência para comunicar. Assim, dentro desse intervalo, é utilizado apenas um canal de transmissão, cobrindo toda a largura de banda. Ao contrário das redes com fios, o atraso dos pacotes é causado não só pela carga de tráfego no nó, mas também pela carga de tráfego nos nós vizinhos, o que se designa por "interferência de tráfego". Os protocolos de controlo do acesso ao meio (MAC) desempenham um papel importante no desempenho das redes móveis ad hoc (MANET). Um protocolo MAC define como cada unidade móvel pode partilhar o recurso limitado de largura de banda sem fios de forma eficiente. A origem e o destino podem estar distantes e, sempre que os pacotes têm de ser retransmitidos de um nó para outro em modo multihop, é necessário aceder a um meio. Para aceder corretamente a um meio, basta informar os nós que se encontram nas proximidades da transmissão. Os protocolos MAC controlam o acesso ao meio de transmissão. O seu objetivo é proporcionar uma utilização ordenada e eficiente do espetro comum. Estes protocolos são responsáveis pelo estabelecimento de ligações por ligação (ou seja, pela aquisição do meio) e pelo cancelamento de ligações por ligação (ou seja, pela libertação do meio).

Um dos desafios fundamentais da investigação no domínio das MANET é a forma de aumentar o débito global da rede, mantendo simultaneamente um baixo consumo de energia para o processamento de pacotes e as comunicações. O baixo débito é atribuído às caraterísticas difíceis do canal de rádio combinadas com a natureza baseada em contenção dos protocolos MAC normalmente utilizados nas MANET. Relativamente ao protocolo MAC para uma MANET sem fios, devem ser consideradas as seguintes medidas de desempenho:

- Rendimento e atraso: A taxa de transferência é geralmente medida como a percentagem de fotogramas transmitidos com êxito ao nível da ligação rádio por unidade de tempo. O atraso de transmissão é definido como o intervalo entre a hora de chegada do quadro à camada MAC de um transmissor e o momento em que o transmissor se apercebe de que o quadro transmitido foi recebido com êxito pelo recetor.

- Equidade: De um modo geral, a equidade mede o grau de equidade da atribuição de canais entre os fluxos nos diferentes nós móveis. A mobilidade dos nós e a falta de fiabilidade dos canais de rádio são os dois principais factores que afectam a equidade. Eficiência energética: De um modo geral, a eficiência energética é medida como a fração do consumo de energia útil (para a transmissão bem sucedida de quadros) em relação à energia total gasta.

- Suporte multimédia: Trata-se da capacidade de um protocolo MAC para acomodar tráfego com diferentes requisitos de serviço, como débito, atraso e taxa de perda de fotogramas.

1.2.3.2. Encaminhamento em redes sem infra-estruturas

No entanto, nas redes sem infra-estruturas (Ad Hoc), o encaminhamento torna-se uma preocupação importante, uma vez que tem de ser efectuado por nós comuns que não dispõem de equipamento especializado nem de uma posição fixa e privilegiada na rede. Assim, a introdução das redes ad hoc assinalou o ressurgimento do interesse no encaminhamento através dos desafios colocados pela mobilidade dos nós, os seus recursos energéticos limitados, a sua heterogeneidade (que, em algumas condições, pode levar a ligações assimétricas) e muitas outras questões. A estes desafios respondeu-se com um grande número de algoritmos de encaminhamento, e o encaminhamento ad hoc continua a ser uma área de investigação ativa e em evolução dinâmica. Os algoritmos de encaminhamento ad hoc estão a servir de fonte de ideias e técnicas para tecnologias relacionadas, como as redes de sensores sem fios e as redes em malha.

Existem muitos protocolos de encaminhamento para redes ad hoc, com ênfase em diferentes cenários de implementação. No entanto, os objectivos básicos têm sido sempre a conceção de um protocolo de encaminhamento que minimize a sobrecarga de controlo, o rácio de perda de pacotes e a utilização de energia, maximizando simultaneamente o débito. Como esses tipos de rede podem ser usados em uma variedade de situações (redes veiculares, recuperação de desastres, campos de batalha, conferências, etc.), eles diferem em termos de requisitos e complexidades. Os protocolos de encaminhamento em redes ad hoc podem, por conseguinte, ser divididos em cinco categorias com base no seu quadro arquitetónico subjacente, como se segue:

- Iniciado na fonte (reativo ou a pedido).
- Orientado para a mesa (proactivo).
- Híbrido.
- Consciente da localização (geográfica).
- Multipath.

1.3. Tipos de sistemas de vigilância

Os sistemas de vigilância (SS) podem ser classificados em dois tipos principais, consoante a tecnologia de rede utilizada para os construir. São utilizadas diferentes tecnologias de rede para suportar a arquitetura das redes de câmaras dos sistemas de vigilância. A rede de câmaras de um sistema de vigilância pode ser construída com base numa rede com fios ou numa rede sem fios de infraestrutura [24-25]. Cada tipo tem as suas caraterísticas, especificações e condicionalismos.

Muitos desafios afectam a conceção de uma rede de câmaras de sistemas de vigilância, incluindo a criação de uma rede suficientemente robusta para suportar simultaneamente dezenas de câmaras de vídeo de elevada largura de banda com o seu desempenho máximo e fornecer energia e conetividade a outras câmaras da rede [26].

1.3.1. Sistemas de vigilância baseados em redes com fios

Muitos dos sistemas de videovigilância existentes são construídos utilizando um único cabo coaxial por câmara analógica ligada a um local central. Os novos sistemas de videovigilância baseiam-se em câmaras digitais e utilizam um único cabo de par trançado não blindado Ethernet 100BaseT por câmara [27]. Como o custo das câmeras continua a cair, uma rede Ethernet dedicada-média subjacente logo se tornará um gargalo de custo e desempenho para a implantação de sistemas de vigilância por vídeo em larga escala (por exemplo, milhares de câmeras em uma instalação).

Para reduzir o custo da rede subjacente, é necessário investigar os protocolos da camada física e da camada MAC em cadeia de meios partilhados. O IEEE 1394b FireWire [28] foi estudado como uma possível tecnologia adequada para a implementação de projectos de grande escala.

Rede de câmaras com fios (WCN). Este estudo demonstrou, através de simulação, que o IEEE 1394b FireWire pode transportar fluxos de vídeo em pacotes com um desempenho muito bom, mesmo com atrasos de enfileiramento de 99% inferiores a 100 milissegundos para uma carga oferecida superior a 90%. Para uma carga oferecida de 50%, o atraso de 99% na fila de espera é inferior a 10 milissegundos. Além disso, o autor propôs a utilização de servidores de rotas distribuídos para resolver o problema do encaminhamento geográfico, ou seja, como pode um nó aceder a dados de sensores por localização, incluindo a localização especificada por um homem e/ou coordenadas GPS. O autor mostrou que o encaminhamento de origem pode ser utilizado como um mecanismo de encaminhamento de pacotes. Os servidores de rotas recebem actualizações do estado das ligações dos nós sensores e respondem às consultas com rotas de origem. Este novo esquema é conhecido como encaminhamento híbrido.

O funcionamento da nova tecnologia denominada Power over Ethernet (PoE) foi demonstrado por [29]. Trata-se de uma tecnologia revolucionária que integra dados, voz e energia numa infraestrutura normalizada de rede local (LAN). É o meio de fornecer energia fiável e ininterrupta à rede de câmaras IP e a outros dispositivos Ethernet, utilizando as infra-estruturas de cabos de Categoria 3 (4 pares) e Categoria 5 existentes e habitualmente utilizadas. Quando a rede de câmaras IP é combinada com sistemas Power over Ethernet (PoE), os dispositivos de vigilância IP oferecem oportunidades únicas para reduzir o custo total de propriedade da rede de uma organização através da escalabilidade, flexibilidade de colocação de dispositivos e implementação económica. A tecnologia POE produz vários benefícios, incluindo custos de instalação reduzidos e flexibilidade na colocação de câmaras. Além disso, as câmaras podem obter energia de reserva centralizada a partir da sala do servidor, pelo que, em caso de falha de energia, continuarão a funcionar.

Embora o sistema de vigilância com fios tenha muitas vantagens, como a elevada largura de banda e a segurança, existem muitas desvantagens na utilização de tecnologias com fios, uma vez que o tempo de instalação e de atualização é elevado. A utilização da tecnologia com fios também afecta a flexibilidade da colocação das câmaras. Além disso, o custo do sistema de vigilância aumenta com o aumento do número de câmaras, uma vez que a implantação de uma rede de câmaras distribuídas em grande escala é dispendiosa devido à instalação e manutenção de fios físicos. Além disso, a estação de base (BS) que controla o funcionamento da rede de câmaras não deve estar muito longe das câmaras devido à limitação de sinalização da tecnologia de rede com fios. Por outro lado, o sistema de vigilância que se baseia numa rede com fios impede os utilizadores remotos de acederem à rede de câmaras do sistema de vigilância. Por conseguinte, o sistema de vigilância que se baseia neste tipo de rede (com fios) não pode ser utilizado numa área alargada e na monitorização de acesso remoto.

1.3.2. Sistema de vigilância baseado em redes sem fios de infra-estruturas

As redes sem fios são uma tecnologia emergente que permite aos utilizadores aceder a informações e serviços por via eletrónica, independentemente da sua posição geográfica [30]. As aplicações da utilização de redes sem fios têm-se tornado cada vez mais populares. Os sistemas de vigilância (SS) são uma das aplicações mais importantes das redes sem fios. O transporte de dados de câmaras de vigilância através de redes sem fios tem a vantagem de reduzir os custos e aumentar a flexibilidade. Atualmente, as câmaras são utilizadas em muitas aplicações que requerem a cobertura de grandes áreas; no entanto, é dispendioso instalar uma rede de câmaras com fios distribuída em grande escala devido à instalação e manutenção de fios físicos. Assim, a utilização de uma rede sem fios torna-se uma alternativa adequada para ligar câmaras distribuídas.

Os desafios para a conceção de uma rede de câmaras sem fios em grande escala incluem a criação de uma rede sem fios suficientemente robusta para suportar simultaneamente dezenas de câmaras de vídeo de elevada largura de banda com o seu desempenho máximo, o fornecimento de energia e conetividade às câmaras e a construção de uma estação de base capaz de processar todos os dados em fluxo contínuo em tempo real. Estes desafios devem ser estudados corretamente para se obter um desempenho aceitável do sistema de vigilância. Neste contexto, foi apresentada por [26] uma abordagem sistemática para a conceção, implementação e avaliação de uma rede de câmaras sem fios em grande escala, que é adequada para uma variedade de aplicações práticas em tempo real. São utilizados routers Gigabit para lidar com a quantidade de tráfego prevista e são escolhidas capacidades IEEE 802.11n para facilitar futuras actualizações.

Um sistema de vigilância por vídeo em tempo real foi proposto por [5]. O sistema concebido consiste em muitos sensores de baixo custo e algumas câmaras de vídeo sem fios. O sistema permite que um grupo de dispositivos sensores cooperantes detecte e rastreie objectos móveis e comunique as suas posições ao nó de drenagem na rede de sensores sem fios. Em seguida, o nó de ligação utiliza as câmaras IP instaladas na área de deteção para registar estes eventos e apresentar as situações actuais.

O sistema de vigilância sem fios tem muitas vantagens, como a flexibilidade de implantação das câmaras e a independência de falhas dos nós. Além disso, o sistema de vigilância sem fios reduziu os custos de instalação e manutenção das redes de câmaras em comparação com uma rede com fios. A utilização de tecnologias sem fios na conceção de sistemas de vigilância tem muitos inconvenientes, uma vez que a limitação da largura de banda, a perda de pacotes devido a colisões, a falta de qualidade do serviço e a flexibilidade de acesso à rede de câmaras para obter dados são problemas muito importantes que ocorrem nos sistemas de vigilância baseados em redes sem fios. Todos os sistemas de vigilância que se baseiam numa infraestrutura de rede sem fios são concebidos para obrigar todas as câmaras a enviar os seus dados para um local pré-determinado, denominado estação de base, para processamento e monitorização. Esta conceção da infraestrutura impedirá os utilizadores móveis de acederem efetivamente à rede do sistema de vigilância para obterem os seus dados (imagens) por muitas razões, como a longa distância entre a estação de base e o utilizador móvel e a necessidade de utilizar software especial ou de pagar.

1.4. Aplicações de sistemas de vigilância

O sistema de vigilância tem o potencial de permitir muitas aplicações, nomeadamente

- **Redes de câmaras de vigilância multimédia**: As redes de câmaras de vigilância serão utilizadas para melhorar e complementar os sistemas de vigilância existentes, a fim de prevenir a criminalidade e os ataques terroristas. Os conteúdos multimédia, como fluxos de vídeo e imagens fixas, bem como técnicas de visão por computador, podem ser utilizados para localizar pessoas desaparecidas, identificar criminosos ou terroristas ou inferir e registar outras actividades potencialmente relevantes (roubos, acidentes de viação, infracções ao código da estrada).

- **Sistema de prevenção, aplicação e controlo do tráfego:** Será possível monitorizar o tráfego automóvel nas grandes cidades ou nas auto-estradas e implantar serviços que ofereçam conselhos de encaminhamento do tráfego para evitar congestionamentos ou identificar infracções. Além disso, os sistemas inteligentes de aconselhamento de estacionamento baseados em redes de câmaras sem fios (WCN) detectarão os lugares de estacionamento disponíveis e fornecerão aos condutores conselhos de estacionamento automatizados.

- **Monitorização ambiental e estrutural:** As redes de câmaras são utilizadas pelos oceanógrafos para determinar a evolução dos bancos de areia utilizando técnicas de processamento de imagem. O vídeo e a imagem também são utilizados para monitorizar o estado estrutural de pontes ou outras estruturas civis.

- **Controlo de processos industriais:** O conteúdo multimédia, como imagens, temperatura ou pressão, pode ser utilizado para o controlo de processos industriais críticos em termos de tempo. Em processos de fabrico automatizados, a integração de sistemas de visão artificial com WMSNs pode simplificar e aumentar a flexibilidade dos sistemas para inspecções visuais e acções automatizadas.

1.5. Resumo

Este capítulo apresenta uma revisão relacionada com a tecnologia dos sistemas de vigilância como uma das principais tecnologias utilizadas atualmente. Neste capítulo, são apresentados os tipos de sistemas de vigilância, bem como as tecnologias de rede que podem ser utilizadas para construir estes sistemas. Por outro lado, este capítulo mostra que cada tipo de tecnologia de rede apresenta caraterísticas e limitações significativas para os sistemas de vigilância nela baseados.

As redes sem fios são mais flexíveis do que a utilização de redes com fios na construção de sistemas de vigilância, uma vez que o sistema de vigilância sem fios tem muitas vantagens, como a flexibilidade de implantação das câmaras e a independência das falhas dos nós. Além disso, o sistema de vigilância sem fios reduziu os custos de instalação e manutenção das redes de câmaras em comparação com uma rede com fios.

CAPÍTULO 2

ARQUITECTURA E MODELAÇÃO DO SISTEMA DE VIGILÂNCIA DE AUTO-ESTRADAS PROPOSTO

2.1. Introdução

As redes sem fios são uma tecnologia emergente que permite aos utilizadores acederem eletronicamente a informações e serviços, independentemente da sua posição geográfica. As aplicações para utilização de redes sem fios têm-se tornado cada vez mais populares e sofisticadas [31]. O sistema de vigilância de auto-estradas (MSS) é uma das aplicações mais importantes baseadas na utilização de redes sem fios. O MSS é utilizado para recolher informações sobre as condições de tráfego, como a densidade, os acidentes, etc. ...etc.

Neste capítulo, é proposta e modelada uma nova rede de câmaras para o sistema de vigilância de auto-estradas. A modelação da rede proposta baseia-se na utilização da rede local sem fios modificada e foi designada por rede sem fios Ad Hoc

Camera Network (WAHCN). A WAHCN permite que os utentes das auto-estradas acedam a dados de imagem obtidos por câmaras sem fios colocadas ao longo da autoestrada. Permite melhorar a perceção da segurança, permitindo que os utentes da autoestrada vejam o tráfego e as condições da estrada enquanto conduzem o veículo, como mostra a figura 2.1, sem qualquer custo adicional.

Figura 2.1: Monitorização do condutor do veículo

A WAHCN está configurada para funcionar em modo de operação Ad Hoc. Fornece aos veículos móveis uma capacidade de comunicação ubíqua para acederem aos dados da rede de câmaras da autoestrada, independentemente da sua localização. Todos os nós da WAHCN são capazes de comunicar entre si sem qualquer infraestrutura adicional ou administração centralizada. Uma vez que esta rede é auto-organizada e auto-configurável, dois nós comunicam entre si de forma peer-to-peer. As rotas entre os nós incluem múltiplos saltos, uma vez que cada nó pode comunicar com os nós no seu alcance de transmissão e com os que estão fora do seu alcance de transmissão. Por conseguinte, os nós comunicados necessitam de outros nós intermédios para retransmitir os seus dados (imagens). Por outras palavras, cada nó actua como um router para encaminhar os seus dados.

As metodologias de conceção do sistema WAHCN são descritas em pormenor neste capítulo. O resto deste capítulo está organizado da seguinte forma: A Secção 2.2 apresenta as razões subjacentes à utilização de uma rede Ad Hoc na conceção do sistema WAHCN. A Secção 2.3 demonstra os desafios da utilização de redes ad hoc. Na Secção 2.4 é descrita a modelação de um sistema WAHCN. Na secção 2.5, descreve-se a configuração dos parâmetros de conceção da WAHCN e os cenários de avaliação. A secção 2.6 apresenta o modelo e a configuração da simulação, bem como as métricas de análise utilizadas para avaliar o desempenho da WAHCN. A secção 2.7 apresenta os cenários de avaliação da topologia da WAHCN, bem como a análise dos resultados. A secção 2.8 apresenta os resultados da avaliação dos parâmetros de conceção. Finalmente, a secção 2.9 resume este capítulo.

2.2. Porquê utilizar uma rede Ad Hoc

Os sistemas tradicionais de vigilância de auto-estradas baseados em redes sem fios de infra-estruturas são concebidos para enviar as informações para um local pré-determinado (a "Estação de Base") para processamento e monitorização, ou então para pontos de gateway. Estes pontos de passagem enviarão depois toda a informação para a estação de base. O sistema tradicional não permite o acesso efetivo dos utentes da autoestrada à rede de câmaras do sistema de vigilância. Por exemplo, nem todos os veículos têm acesso à estação de base ou aos pontos de gateway porque a distância entre o veículo e o gateway é demasiado grande; assim, são necessárias mais estações de base. O aumento do número de estações de base conduzirá a problemas de interferência, problemas de transferência, elevado consumo de energia, complicará a gestão do sistema e estes problemas aumentarão os custos do sistema. Estes custos podem não ser aceitáveis em ambientes dinâmicos ou quando o custo da infraestrutura não se justifica. Por conseguinte, a conceção de um novo MSS baseado numa rede sem fios sem infra-estruturas (Ad Hoc) permitirá ultrapassar estes problemas e proporcionar um acesso eficaz à rede de câmaras do MSS.

2.3. Desafios das redes móveis ad hoc (MANET)

Embora as MANET sejam promissoras para o futuro, sofrem de vários desafios, como a conetividade, a gestão da mobilidade, o acesso aos meios de comunicação, a falta de largura de banda e o consumo de energia [32].

As redes ad hoc enfrentam a tarefa não trivial de manter a conetividade de modo a que um nó móvel possa estabelecer uma ligação de comunicação de um ou vários saltos com qualquer outro nó da rede. A conetividade da rede é afetada por factores que incluem a potência do transmissor, as condições ambientais, os obstáculos e a mobilidade [33]. Aumentar o alcance de transmissão dos transceptores móveis pode resolver o problema da conetividade. Esta solução permite alcançar um maior número de vizinhos e reduzir o número de saltos percorridos pelos pacotes. No entanto, mais nós têm de partilhar o meio, causando mais contenções, colisões e atrasos que reduzem a capacidade. Um curto alcance de transmissão, por outro lado, aumenta a capacidade da rede ao permitir transmissões simultâneas em diferentes localizações geográficas (devido à reutilização de frequências) à custa da conetividade. Este problema é complicado pelo facto de a topologia da rede estar em constante mudança [34].

A natureza altamente dinâmica das redes ad hoc móveis resulta em alterações frequentes e na imprevisibilidade das topologias de rede, o que dificulta e torna mais complexo o encaminhamento entre os nós móveis da rede. Estes desafios adicionais, juntamente com a importância crítica dos protocolos de encaminhamento no estabelecimento de comunicações entre nós móveis, fazem com que a área do encaminhamento seja talvez a área de investigação mais ativa no domínio das MANET [35]. Foram propostos numerosos protocolos e algoritmos de encaminhamento e o seu desempenho em vários ambientes de rede e condições de tráfego foi estudado e comparado. [36-38] analisou e comparou alguns destes protocolos com base no seu mecanismo de encaminhamento. A escolha da rota mais fiável tem um impacto no desempenho da rede, em termos de entrega de dados e de velocidade. Durante a última década, foram apresentados vários protocolos para o encaminhamento e a gestão da mobilidade

Para que um nó móvel participe eficazmente nas MANET, precisa de ter energia suficiente para transmitir e processar dados, especialmente se o nó estiver localizado no meio da rede, onde se torna um encaminhador para mais dados, uma vez que a maioria das estratégias de encaminhamento formam rotas com menos saltos entre a origem e o destino. A utilização de energia na computação móvel tem sido a mais baixa em termos de crescimento. Desde 1990, a capacidade de processamento foi aumentada milhares de vezes, enquanto a capacidade da bateria (densidade de energia) aumentou apenas três vezes [39]. No entanto, este problema não existe no caso da formação de redes ad hoc a partir de veículos. Os problemas de energia nas redes ad hoc têm duas dimensões: os nós sobrevivem aumentando o tempo de vida da bateria e optimizando os recursos do canal. Embora o aumento do alcance de transmissão dos nós aumente a capacidade de alcance dos nós, diminui a reutilização do canal, uma vez que apenas um nó pode transmitir de cada vez. A partir da tecnologia de baterias, foi realizado um estudo de investigação por [40-42] para resolver o problema da energia e adaptar esquemas de transmissão para ultrapassar o problema da perda de nós devido ao tempo de vida da energia.

2.4. Projeto da rede do sistema de vigilância das auto-estradas (WAHCN)

2.4.1. Modelação da WAHCN

2.4.1.1. Arquitetura do sistema

O MSS proposto representa um conjunto de nós fixos e móveis. Todos os nós estão configurados para partilhar um canal sem fios half-duplex e para formar uma topologia de rede temporária dinâmica. A rede MSS proposta está dividida em duas partes; a primeira parte é constituída pelas câmaras IP sem fios que estão distribuídas ao longo da autoestrada numa topologia em linha. Todos os nós desta parte (câmaras) estão estacionários, como se mostra na Figura 2.2. A distância entre cada uma das câmaras é de 250 metros. A outra parte representa os nós dos veículos na autoestrada, que são móveis. Todos os nós do sistema de vigilância proposto (câmaras e veículos) estão ligados entre si para formar um novo tipo de rede que se designa por Wireless Ad Hoc Camera Networks (WAHCN).

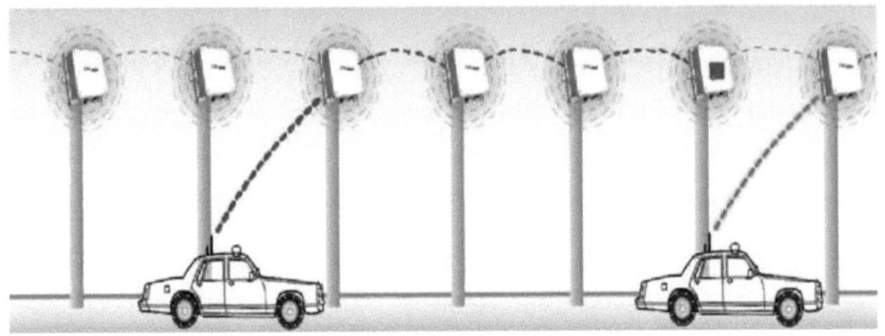

Figura 2.2: Redes de câmaras sem fios Ad Hoc (WAHCN)

A rede WAHCN está configurada para funcionar em modo de operação Ad Hoc. A WAHCN fornece aos veículos móveis uma capacidade de comunicação ubíqua para aceder aos dados da rede de câmaras da autoestrada, independentemente da sua localização. Todos os nós são capazes de comunicar entre si sem qualquer infraestrutura adicional ou qualquer administração centralizada. Uma vez que estas redes são auto-organizadas e auto-configuráveis, dois nós comunicam entre si de forma peer to peer. As rotas entre os nós incluem múltiplos saltos, uma vez que cada nó pode comunicar com os nós ao seu alcance de transmissão e com os que estão fora do seu alcance de transmissão. Por conseguinte, os nós comunicados necessitam de outros nós intermédios para retransmitir os seus dados (imagens). Por outras palavras, cada nó actua como um router para encaminhar os seus dados.

2.4.1.2. Configuração do nó de câmara

No caso da WAHCN, todos os nós de câmara estão configurados para fornecer imagens a preto e branco com uma resolução de imagem VGA (640 x 480) e um número razoável de 3 fotogramas por minuto como limiar para uma qualidade de imagem aceitável. O número de fotogramas por minuto pode ser alterado em função das necessidades de monitorização.

2.4.1.3. Definição do intervalo de transmissão

Num meio sem fios, a intensidade do sinal é inversamente proporcional à distância que o sinal percorre. Quando o sinal se desloca para além de uma determinada distância, a intensidade diminui até ao ponto em que a receção não é possível [10]. A distância que o sinal percorre quando chega a esse ponto é chamada de alcance de rádio ou alcance de transmissão desse sinal. O alcance de transmissão de um rádio sem fios, no entanto, é tipicamente limitado a 200-300 metros no exterior e é muito mais curto no interior [43]. Na WAHCN, a distância entre os nós das câmaras é fixada em 250 metros para garantir que o sinal possa viajar de um nó para o outro, de modo a evitar a quebra da ligação devido a um sinal fraco. No entanto, a redução das distâncias entre nós de câmara para menos de 250 metros aumentará a interferência entre nós e aumentará o custo do sistema devido à necessidade de mais nós de câmara para cobrir a autoestrada.

2.4.1.4. Protocolo da camada de transporte

Na tecnologia de redes sem fios, podem ser utilizados dois tipos de protocolos numa camada de transporte: o Transmission Control Protocol (TCP) e o User Datagram Protocol (UDP). A maioria das pesquisas e estudos baseados nestes protocolos revelam que o TCP não é adequado para aplicações em tempo real [44]. O TCP utiliza mecanismos de retransmissão e de controlo de congestionamento. Estes mecanismos resultam em atrasos adicionais e jitter. As aplicações de sistemas de vigilância eficazes são muito sensíveis ao atraso e à instabilidade e devem ser capazes de tolerar um certo nível de perdas de pacotes [45]. Esta caraterística torna o TCP inadequado para utilização em aplicações de sistemas de vigilância, que normalmente exigem taxas de dados estáveis [46]. Por esta razão, o UDP é o protocolo da camada de transporte preferido para a WAHCN proposta, e todos os nós da WAHCN estão configurados para utilizar um protocolo da camada de transporte UDP com um padrão de tráfego de taxa de bits constante (CBR).

2.4.1.5. Protocolo da camada de rede

O encaminhamento é um problema central nas redes para o envio de dados de um nó para outro. Na rede WAHCN proposta, não existe uma topologia fixa, devido à mobilidade dos veículos ao longo da autoestrada, o que leva à quebra de ligações e à perda de trajetória [47]. Por conseguinte, o protocolo de encaminhamento desempenha um papel muito importante que afecta o desempenho da rede WAHCN. Diferentes tipos de protocolos de encaminhamento proporcionam desempenhos de rede diferentes. Estas diferenças devem-se aos diferentes mecanismos destes protocolos [48]. O encaminhamento reativo, por exemplo, pode ser utilizado para responder a alterações frequentes da topologia. Nesta investigação, todos os nós da WAHCN estão equipados com o protocolo de encaminhamento AODV, uma vez que o AODV proporciona uma elevada fiabilidade, flexibilidade, reatividade rápida às alterações da topologia da rede e muitas outras caraterísticas [48].

2.4.1.6. Protocolo da camada de ligação

Todas as tecnologias da norma IEEE 802.11 suportam vários débitos de dados para permitir que os nós comuniquem à melhor velocidade possível. A seleção da taxa de dados é um compromisso entre a obtenção da maior taxa de dados possível e a tentativa de minimizar o número de erros de comunicação [49].

Todos os nós da WAHCN estão equipados com IEEE 802.11g. A norma 802.11g funciona utilizando o espetro não licenciado de 2,4 GHz e fornece taxas de dados opcionais de até 54 Mbps [49]. O MAC 802.11g funciona com uma única fila de transmissão FIFO (first-in-first-out), que é usada para eliminar a perda de pacotes devido ao estouro do buffer, e a camada MAC começa a descartar os pacotes quando o buffer está cheio ou quando o tempo de espera do pacote expirou [50]. O 802.11g suporta até 7 vezes a retransmissão antes de o pacote ser descartado devido a uma falha na receção pelo destino [50-51]. Em todos os nós da WAHCN proposta, o IEEE 802.11g está configurado para funcionar usando a Função de Coordenação Distribuída (DCF), que representa o método de acesso primário que fornece acesso partilhado ao canal baseado em contenção. A DCF baseia-se no protocolo Carrier Sense Multiple Access with Collision Avoidance (CSMA/CA) para avaliar o estado do canal, ou seja, se o canal está ocupado ou inativo, de modo a permitir ou não o acesso do nó ao canal [50].

2.5. Configuração dos parâmetros de conceção da WAHCN e cenários de avaliação

2.5.1. Topologias da WAHCN

A topologia da rede da WAHCN impõe várias restrições à quantidade de dados que podem ser transferidos através da rede, o que tem efeitos no seu desempenho. A distribuição subjacente dos nós das câmaras pode ter efeitos não só quantitativos mas também qualitativos na rede. A localização das câmaras numa topologia específica é um dos parâmetros mais importantes da conceção de um MSS sem fios. A topologia pode afetar a perda de pacotes e, consequentemente, o desempenho global da rede. Os nós de câmara para uma WAHCN são distribuídos ao longo de uma autoestrada numa topologia em linha, porque, dada a conceção típica das auto-estradas do "mundo real", os nós de câmara só podem ser colocados numa configuração linear na estrada.

Dois cenários topológicos são sugeridos e analisados no WAHCN, para encontrar a topologia adequada a ser utilizada neste tipo de sistemas. Estes cenários são:

1. Topologia de linha única: neste cenário, todas as câmaras estão distribuídas ao longo do

lado esquerdo da autoestrada, como se mostra na Figura 2.3.

2. Cenário de linha dupla: neste cenário, todos os radares estão distribuídos pelos dois lados da autoestrada. Todos os radares da segunda linha estão situados 125 metros mais à frente do que os radares da primeira linha, como se mostra na Figura 2.4.

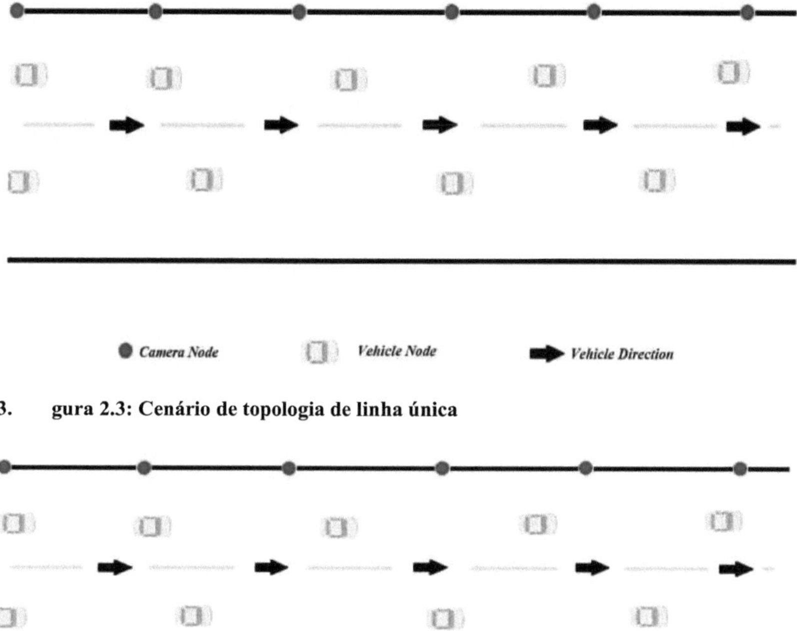

3. **gura 2.3: Cenário de topologia de linha única**

Figura 2.4: Cenário de topologia de linha dupla

2.5.2. Capacidade do canal

A capacidade do canal ou largura de banda refere-se à taxa de dados suportada pelas ligações de rede e é mais frequentemente expressa em termos de bits por segundo (bps). Quando a carga da rede é superior à largura de banda disponível, dá origem a congestionamento e perda de pacotes devido a um excesso de memória intermédia na camada MAC. Um grande número de perdas de pacotes reduz a qualidade da imagem e o desempenho do sistema. Por conseguinte, o parâmetro da largura de banda da rede é muito importante e deve ser escolhido cuidadosamente. O cenário de avaliação para avaliar o efeito de diferentes capacidades de canal é realizado através da avaliação do desempenho da WAHCN (débito, perda de pacotes, PTR e tempo de transmissão de pacotes), alterando o número de utilizadores com diferentes capacidades de canal.

2.5.3. Taxa de pacotes

A taxa de pacotes representa o número de pacotes gerados pelo nó da câmara por segundo. Este parâmetro é um dos parâmetros mais importantes que podem afetar o desempenho da WAHCN. Se o nó de origem bombear mais dados do que os que podem ser suportados pela rede, isso resultará em taxas de contenção elevadas nos nós posteriores e, por conseguinte, degradará o desempenho da rede. Por conseguinte, o valor deste parâmetro deve ser selecionado cuidadosamente para obter um bom desempenho da rede. O cenário de avaliação do desempenho da WAHCN para avaliar os efeitos da taxa de pacotes é realizado variando o número de utilizadores para diferentes taxas de pacotes.

2.5.4. Tamanho do pacote

A transmissão de grandes pacotes em redes sem fios ajuda a reduzir a sobrecarga de cabeçalho, mas pode ter efeitos adversos na taxa de perda de pacotes devido à corrupção numa ligação rádio [52]. A WAHCN pode tolerar um certo nível de perda de pacotes. Por conseguinte, este parâmetro deve ser configurado cuidadosamente para ser coerente com o ambiente de rede, de modo a diminuir o número de pacotes perdidos. O cenário de avaliação do desempenho da WAHCN para avaliar os efeitos do tamanho dos pacotes é realizado variando o número de utilizadores para diferentes tamanhos de pacotes.

2.5.5. Velocidade do veículo e padrão de mobilidade

Na WAHCN, os veículos são configurados para se deslocarem utilizando o padrão de mobilidade da autoestrada. Os veículos só podem circular nas vias. O padrão de mobilidade da autoestrada restringe cada veículo à sua faixa de rodagem. Por outro lado, a velocidade de um veículo depende temporalmente da sua velocidade anterior e, se dois veículos na mesma faixa de rodagem estiverem dentro da distância de segurança (SD), a velocidade do veículo seguinte não pode exceder a velocidade do veículo anterior. A mobilidade dos veículos faz com que a topologia da rede se altere frequentemente. Consequentemente, o desempenho da WAHCN é afetado pela alteração frequente da topologia da rede. O cenário de avaliação dos efeitos da velocidade dos veículos é efectuado através da avaliação do desempenho da WAHCN, variando a velocidade dos veículos para diferentes tamanhos de pacotes, para vários utilizadores e com uma taxa de pacotes constante.

2.6. Modelo de simulação e configuração

Os cenários de avaliação e as experiências de análise da WAHCN proposta são simulados e avaliados utilizando o OMNET++ [53] no cenário da autoestrada com as seguintes especificações de modelo para encontrar a melhor configuração para os parâmetros de conceção do sistema:

- O cenário de simulação é um troço de autoestrada de 6,5 km em linha reta com duas faixas de rodagem num sentido.
- 50 nós de câmara distribuídos ao longo da autoestrada numa topologia de linha dupla com uma separação de 250 metros entre cada câmara.
- Todas as câmaras da segunda linha são colocadas 125 metros à frente das câmaras da primeira linha, como se mostra na Figura 2.4.
- Seis veículos distribuídos em ambas as faixas da autoestrada e uma distância de 50 metros entre cada veículo.
- As velocidades dos veículos variam entre 60 km/h (como velocidade mínima) e 120 km/h (como velocidade máxima).
- São utilizados quatro tamanhos de pacotes de dados (0,5, 1, 2 e 4 KB).
- São utilizados três valores de taxa de pacotes (1, 2 e 3 pacotes / seg.).
- Todos os nós da WAHCN estão configurados para utilizar o protocolo de transporte UDP com um padrão de tráfego de taxa de bits constante (CBR).
- IEEE 802.11g DCF utilizado como protocolo MAC.
- O AODV é utilizado como protocolo de encaminhamento.
- As experiências em cada cenário de avaliação são testadas durante 500 segundos de tempo de simulação.
- Todos os veículos configurados para se deslocarem de acordo com o padrão de mobilidade da autoestrada.

Ao longo deste capítulo, são assumidos os seguintes pressupostos:

1. O condutor do veículo seleciona a câmara desejada para estar à frente, o que significa que o veículo se desloca sempre em direção ao nó de origem (câmara desejada).

2. O condutor do veículo seleciona a distância até à câmara pretendida em unidade Km.

3. Os veículos são distribuídos regularmente ao longo da autoestrada.

4. Todos os veículos circulam a uma velocidade constante.

5. O endereço IP de qualquer veículo na autoestrada é da mesma classe que os IPs dos nós das câmaras.

1.1.1. Métricas de análise

As métricas selecionadas para avaliar e analisar o desempenho da WAHCN proposta para todos os cenários de avaliação acima referidos são

- Throughput: representa a taxa média de entrega de pacotes com sucesso por unidade de tempo num canal de comunicação.
- Rácio de transmissão de pacotes (PTR): representa o rácio entre o número de pacotes recebidos pelo recetor e o número de pacotes enviados pela fonte.
- Packet Loss (Perda de pacotes): representa o número de pacotes perdidos.
- Tempo médio de transmissão do pacote (atraso): representa a diferença entre o momento em que o pacote é enviado pelo nó da câmara e o momento em que o pacote chega ao nó do veículo.

2.7. Avaliação e análise da topologia da WAHCN

2.7.1. Análise de desempenho usando topologia de linha única

Foram realizados dois tipos de experiências para analisar e avaliar os efeitos desta topologia no desempenho da WAHCN, estas experiências são:

2.7.1.1. Avaliar o desempenho da topologia de linha única alterando o número de nós de câmara ao longo do percurso entre a origem (uma câmara que envia as imagens) e o destino (um veículo que solicita as imagens). Este teste verifica os efeitos da distância entre a origem e o destino no desempenho da rede quando se utiliza a topologia de linha única.

2.7.1.2. Avaliar o desempenho da topologia de linha única alterando a velocidade dos veículos

2.7.1.3. Desempenho da topologia de linha única variando o número de nós entre a origem e o destino

A Figura 2.5 mostra a taxa de transferência da rede (em Kbps) versus o número de nós. Há quatro gráficos, cada um correspondendo a um tamanho de pacote diferente. Para cada tamanho de pacote, a taxa de transferência do tráfego da rede diminui à medida que o número de nós aumenta, porque a probabilidade de erro do pacote aumenta com esse aumento, fazendo com que a taxa de transferência da rede diminua. Além disso, o nível de diminuição para um tamanho de pacote mais pequeno é menor do que o nível de diminuição para um tamanho maior, porque a probabilidade de erro do pacote aumenta à medida que o tamanho do pacote aumenta e este caso faz com que a diminuição do débito seja maior para o tamanho de pacote de 4 KB.

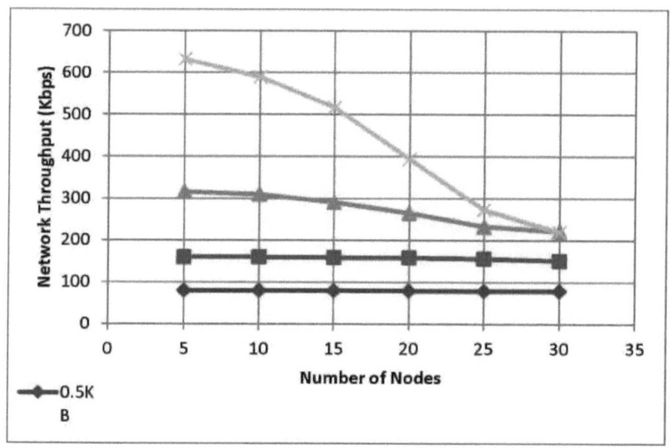

Figura 2.5: Taxa de transferência da rede vs. número de nós entre a origem e o destino numa topologia de linha única

A Figura 2.6 mostra o número de pacotes perdidos versus o número de nós para diferentes tamanhos de pacotes. A Figura 2.6 ilustra que o número de pacotes perdidos aumenta com o aumento do número de nós entre a origem e o destino para todos os tamanhos de pacotes. O aumento do número de nós aumenta a possibilidade de os pacotes serem descartados enquanto competem para aceder ao canal sem fios em cada nó para chegar ao seu destino, diminuindo assim o número de pacotes que chegam ao seu destino. Além disso, a perda de pacotes de maior dimensão é superior à perda de pacotes de menor dimensão, porque os pacotes de maior dimensão são truncados em partes mais pequenas. A probabilidade de erro do pacote aumentará devido ao truncamento do pacote, o que aumentará o número de pacotes perdidos.

A Figura 2.7 mostra o rácio de transmissão de pacotes (PTR) versus o número de nós para diferentes tamanhos de pacotes. Para cada tamanho de pacote, a PTR diminui com o aumento do número de nós entre a origem e o destino. O aumento do número de nós provoca um aumento do número de pacotes perdidos, o que leva à diminuição do PTR. A figura também mostra que, para um número fixo de nós entre a origem e o destino, o PTR para um tamanho de pacote menor é maior do que o PTR para um tamanho maior. Isto deve-se ao facto de os nós poderem enviar um pacote pequeno mais rapidamente do que um pacote maior, aumentando assim o número de pacotes que chegam ao destino.

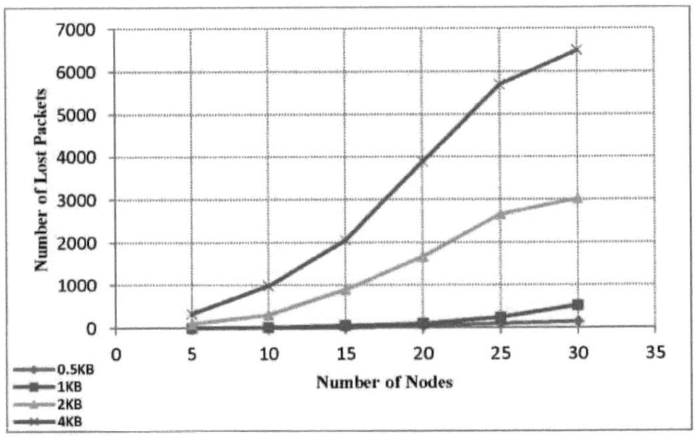

Figura 2.6: Número de pacotes perdidos vs. número de nós entre a origem e o destino numa topologia de linha única

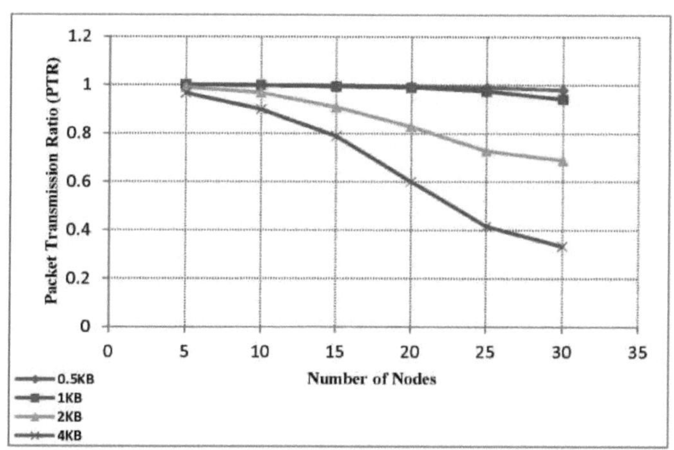

Figura 2.7: Rácio de Transmissão de Pacotes (PTR) vs. Número de Nós entre a Origem e o Destino na Topologia de Linha Simples

A Figura 2.8 mostra o tempo médio de transmissão de pacotes em função do número de nós entre a origem e o destino para diferentes tamanhos de pacotes. A Figura 2.8 mostra que o tempo de transmissão do pacote aumenta com o aumento do número de nós entre a origem e o destino para todos os tamanhos de pacote. A razão é que o pacote num caminho multihop precisa de mais tempo para competir pelo meio sem fios para chegar ao seu destino. Além disso, o tempo de transmissão de um pacote de menor dimensão é inferior ao tempo de transmissão de um pacote de maior dimensão. Isto deve-se ao facto de a camada de transporte necessitar de mais tempo para enviar um pacote de maiores dimensões.

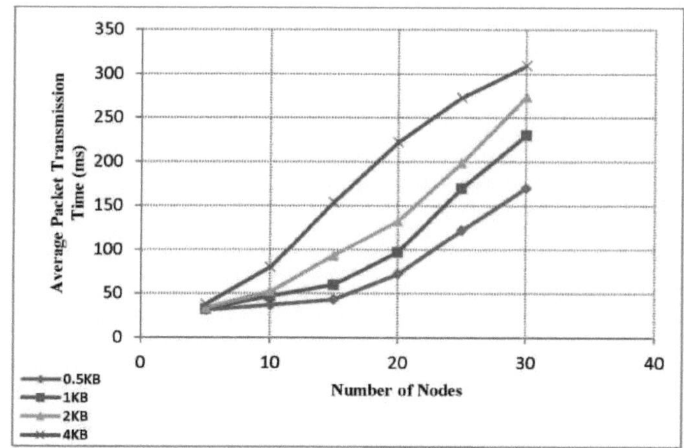

Figura 2.8: Tempo Médio de Transmissão de Pacotes vs. Número de Nós entre a Origem e o Destino em Topologia de Linha Simples

2.7.1.4. Desempenho da topologia de linha única com variação da velocidade do veículo

O desempenho da WAHCN é afetado pela mudança frequente da topologia devido à mobilidade dos veículos. Este teste avalia e analisa os efeitos da utilização de uma topologia de linha única no desempenho da WAHCN, variando a velocidade do veículo. A Figura 2.9 mostra a taxa de transferência da rede (em Kbps) em função da velocidade do veículo para diferentes tamanhos de pacotes. Para cada tamanho de pacote, a taxa de transferência da rede diminui com o aumento da velocidade do veículo, porque um aumento na velocidade do veículo aumenta a probabilidade de quebra do link e diminui o tempo de duração do caminho. Além disso, a figura mostra que a diminuição do débito para um pacote de maior dimensão é maior do que para um pacote de menor dimensão, porque um pacote de maior dimensão necessita de mais tempo para ser transmitido. Este tempo pode exceder o tempo de duração do trajeto, obrigando a camada MAC a atrasar a transmissão do pacote até que o agente de encaminhamento repare o trajeto entre a origem e o destino. O atraso na transmissão dos pacotes até que o caminho seja reparado aumentará o tempo médio de transmissão dos pacotes, como mostra a Figura 2.10.

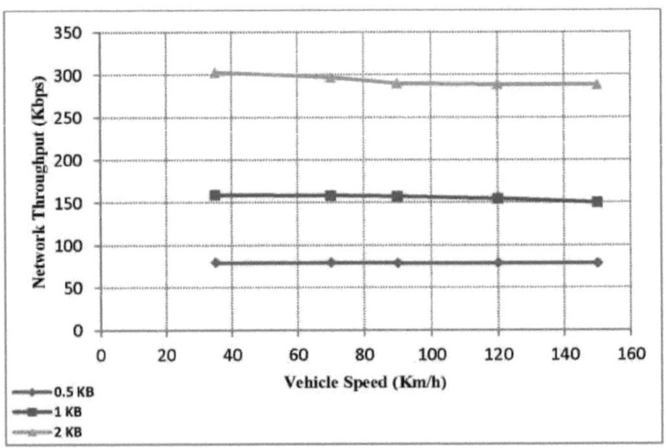

Figura 2.9: Taxa de transferência da rede vs. velocidade do veículo na topologia de linha única

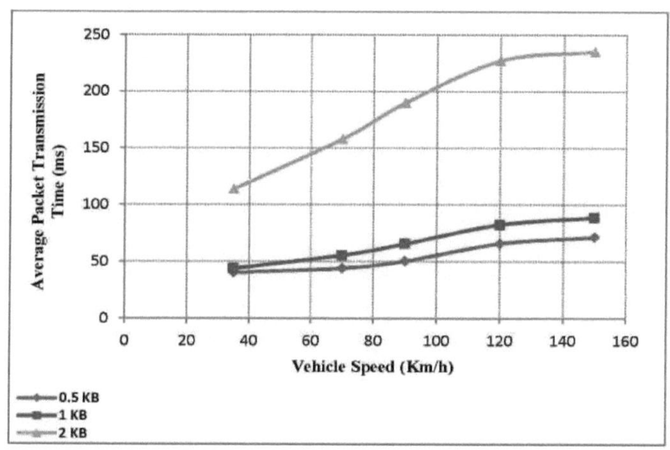

Figura 2.10: Tempo médio de transmissão de pacotes vs. velocidade do veículo na topologia de linha única

A Figura 2.11 mostra que o número de pacotes perdidos aumenta com o aumento da velocidade do veículo. Isto deve-se ao facto de a camada MAC atrasar a transmissão do pacote devido à quebra de ligação e, até que o caminho seja fixado pelo agente de encaminhamento, o pacote pode exceder o seu tempo de espera na memória intermédia da camada MAC. Quando o tempo de espera do pacote expira, a camada MAC descarta o pacote. A Figura 2.11 também mostra que a perda de pacotes de tamanho maior é maior do que a perda de pacotes de tamanho menor, porque a probabilidade de descartar um pacote de tamanho maior (excedendo o tempo de espera no buffer da camada MAC) é maior do que para um pacote menor.

A perda de pacotes devido a um aumento da velocidade do veículo diminuirá o rácio de transmissão de pacotes (PTR), como mostra a Figura 2.12, e a diminuição do PTR para um tamanho de pacote menor é menor do que a diminuição para um tamanho maior.

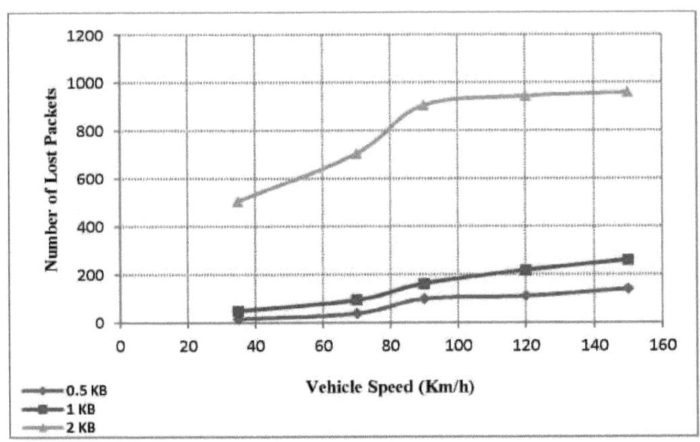

Figura 2.11: Número de pacotes perdidos vs. velocidade do veículo na topologia de linha única

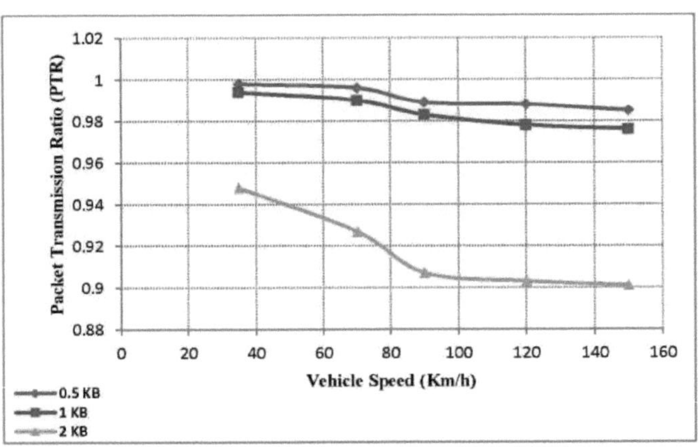

Figura 2.12: Rácio de Transmissão de Pacotes (PTR) vs. Velocidade do Veículo em Topologia de Linha Simples

2.7.2. Análise de desempenho usando topologia de linha dupla

Foram realizados dois tipos de experiências para analisar e avaliar os efeitos desta topologia no desempenho da WAHCN, estas experiências são:

2.7.2.1. Avaliar o desempenho da topologia de linha dupla alterando o número de nós de câmara ao longo do percurso entre a origem (uma câmara que envia as imagens) e o destino (um veículo que solicita as imagens). Este teste avalia os efeitos da distância entre a origem e o destino no desempenho da rede ao utilizar a linha dupla.

2.7.2.2. Avaliar o desempenho da topologia de linha dupla alterando a velocidade dos veículos.

2.7.2.3. Desempenho da topologia de linha dupla variando o número de nós entre a origem e o destino

A Figura 2.13 mostra a taxa de transferência da rede (em Kbps) versus o número de nós para diferentes tamanhos de pacotes. Para cada tamanho de pacote, a taxa de transferência do tráfego da rede diminui com o aumento do número de nós entre a origem e o destino, porque a probabilidade de erro do pacote aumenta com o aumento do número de nós, fazendo com que a taxa de transferência da rede diminua. Além disso, o nível de diminuição para pacotes de menor dimensão é inferior ao nível de diminuição para pacotes de maior dimensão, porque a probabilidade de erro dos pacotes aumenta à medida que aumenta a dimensão dos pacotes, o que faz com que a diminuição do débito seja maior para pacotes de 4KB.

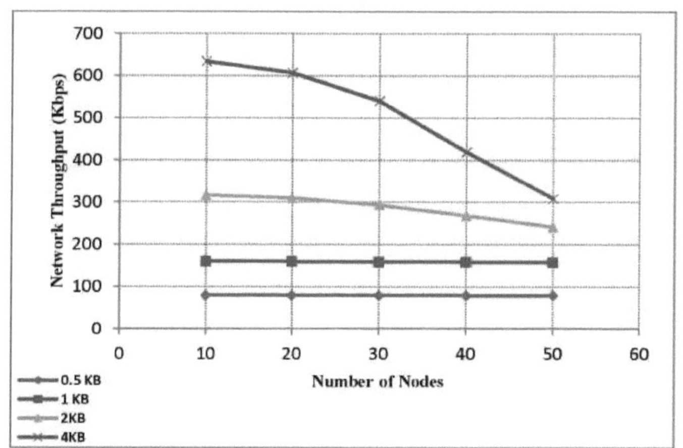

Figura 2.13: Taxa de transferência da rede vs. número de nós entre a origem e o destino na topologia de linha dupla

A Figura 2.14 mostra o número de pacotes perdidos versus o número de nós para diferentes tamanhos de pacotes. Para cada tamanho de pacote, o número de pacotes perdidos aumenta com o aumento do número de nós entre a origem e o destino. O aumento do número de nós provoca um aumento na probabilidade de o pacote ser descartado enquanto compete para aceder ao canal sem fios em cada nó para chegar ao seu destino. No entanto, quando esse aumento ocorre, o número de pacotes perdidos diminui o PTR, como mostra a Figura 2.15. O nível decrescente da RTP para um tamanho de pacote menor é menor do que o nível decrescente da RTP para um tamanho maior, porque a probabilidade de erro do pacote aumenta à medida que o tamanho do pacote aumenta, o que leva a um aumento do número de pacotes perdidos e este caso faz com que o decréscimo da RTP seja maior para o tamanho de pacote de 4KB.

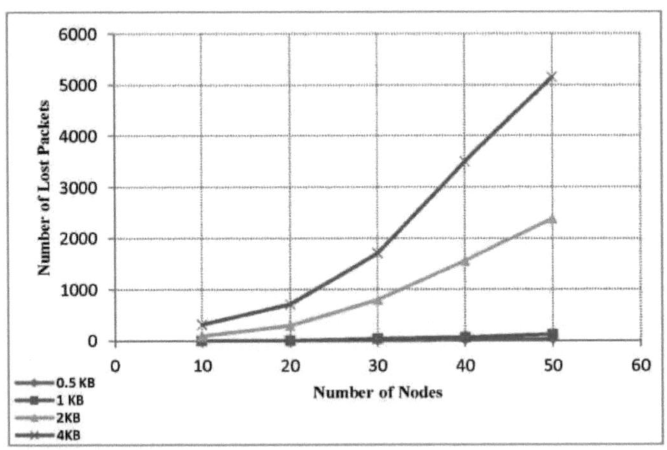

Figura 2.14: Número de Pacotes Perdidos vs. Número de Nós entre a Origem e o Destino na Topologia de Linha Dupla

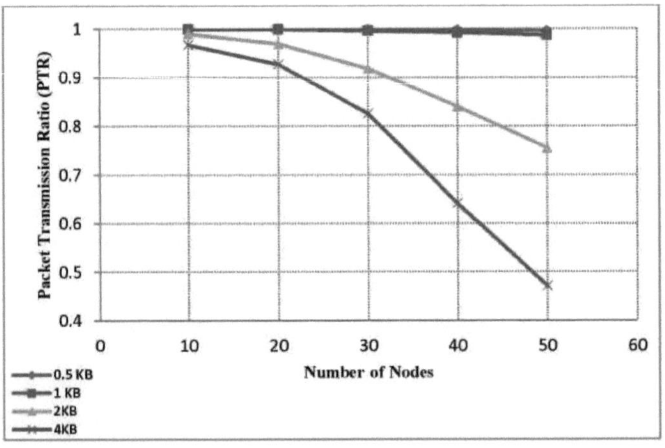

Figura 2.15: Rácio de Transmissão de Pacotes (PTR) vs. Número de Nós entre a Origem e o Destino na Topologia de Linha Dupla

2.7.2.4. Desempenho da topologia de linha dupla com variação da velocidade do

veículo

Este teste avalia e analisa os efeitos da utilização da topologia de linha dupla no desempenho da WAHCN, variando a velocidade do veículo. A Figura 2.16 mostra a taxa de transferência da rede (em Kbps) em função da velocidade do veículo para diferentes tamanhos de pacotes. Para cada tamanho de pacote, a taxa de transferência da rede diminui com o aumento da velocidade do veículo. A probabilidade de quebra da ligação aumenta devido ao aumento da velocidade do veículo, o que provoca uma diminuição do débito. Além disso, a figura mostra que a diminuição do débito para um pacote de maior dimensão é maior do que para um pacote de menor dimensão porque o pacote de maior dimensão necessita de mais tempo para ser transmitido e este tempo pode exceder o tempo de duração do percurso, fazendo com que a camada MAC atrase a transmissão do pacote até que o agente de encaminhamento repare o percurso entre a origem e o destino, diminuindo assim o valor do débito. Qualquer atraso na transmissão do pacote até que o caminho seja reparado aumenta o tempo médio de transmissão do pacote, como mostra a Figura 2.17, especialmente a alta velocidade, porque a probabilidade de quebra de ligação é maior a velocidades mais elevadas.

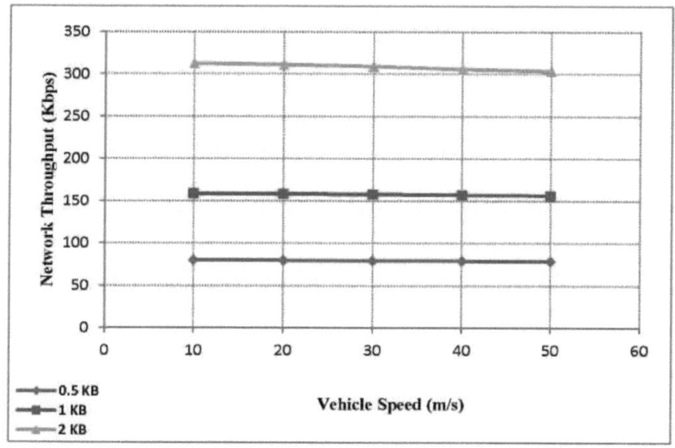

Figura 2.16: Taxa de transferência da rede vs. velocidade do veículo na topologia de linha dupla

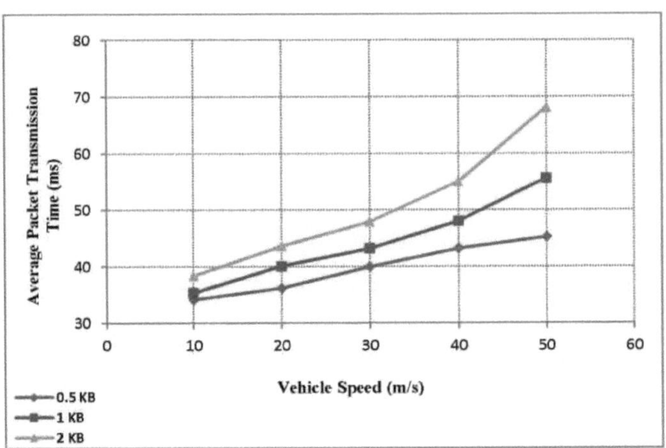

Figura 2.17: Tempo médio de transmissão de pacotes vs. velocidade do veículo na topologia de linha dupla

A Figura 2.18 demonstra que o número de pacotes perdidos aumenta com o aumento da velocidade do veículo, porque quando a camada MAC atrasa a transmissão do pacote até que o caminho seja reparado, o pacote pode exceder o seu tempo de espera na pilha da camada MAC e ser descartado pela camada MAC devido à expiração do tempo de espera. A figura também mostra que a perda de pacotes de maior tamanho é maior do que a perda de pacotes de menor tamanho, porque a probabilidade de descartar um pacote de maior tamanho é maior do que a probabilidade de descartar um pacote de menor tamanho. Um aumento no número de pacotes perdidos devido a um aumento na velocidade do veículo diminuirá a taxa de transmissão de pacotes (PTR), como mostra a Figura 2.19.

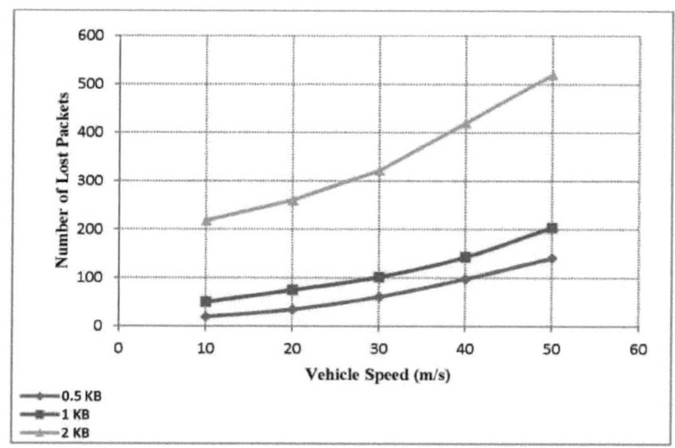

Figura 2.18: Número de pacotes perdidos vs. velocidade do veículo na topologia de linha dupla

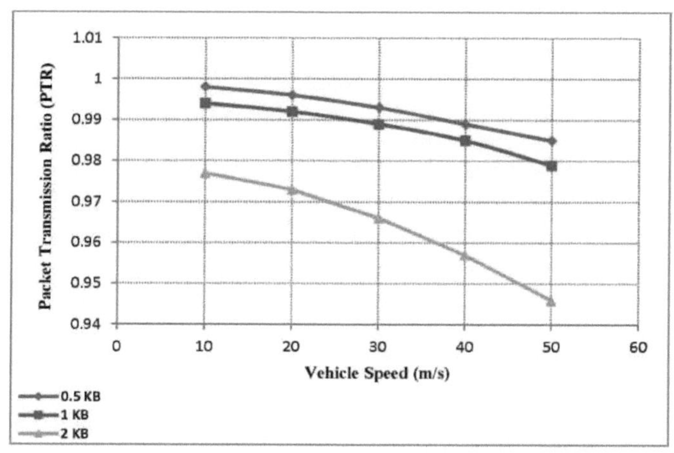

Figura 2.19: Rácio de Transmissão de Pacotes (PTR) vs. Velocidade do Veículo na Topologia de Linha Dupla

2.7.3. Comparação de desempenho entre topologias de linha simples e dupla

A topologia é um parâmetro muito importante que pode afetar a perda de pacotes, o que leva a uma diminuição do desempenho da rede. De acordo com os cenários de avaliação acima referidos (secções 2.7.1 e 2.7.2), é feita uma comparação do desempenho da WAHCN utilizando topologias de linha simples e dupla, variando o número de nós entre a origem e o destino e variando o número de utilizadores de cada vez.

2.7.3.1. Comparação das topologias de linha simples e dupla com base no número variável de nós

Nesta secção, o desempenho da WAHCN é avaliado utilizando diferentes topologias de rede (linha simples e dupla), variando o número de nós entre a origem e o destino. A Figura 2.20 mostra a taxa de transferência da rede (em Kbps) versus o número de nós. Há dois gráficos, cada um correspondendo a uma topologia de rede diferente. Para cada topologia, a taxa de transferência do tráfego da rede diminui com o aumento do número de nós entre a origem e o destino (uma distância maior) porque a probabilidade de erro do pacote aumenta à medida que o número de nós aumenta, fazendo com que a taxa de transferência diminua. Também se pode observar que o débito quando se utiliza a topologia de linha dupla é superior ao débito quando se utiliza a topologia de linha simples. A diferença de taxa de transferência entre as duas topologias começa a aumentar quando o número de nós entre a origem e o destino aumenta, como mostra a Figura 2.20.

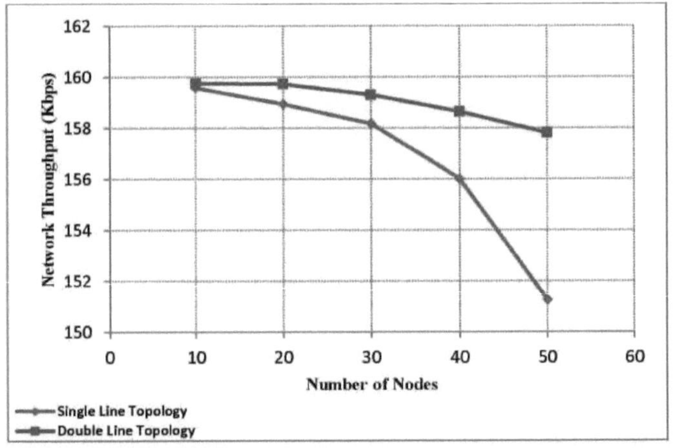

Figura 2.20: Taxa de transferência da rede vs. número de nós para topologias de linha simples e dupla

A Figura 2.21 mostra que a utilização da topologia de linha dupla diminui o número de pacotes perdidos em 49,58% em comparação com a topologia de linha simples, uma vez que, na topologia de linha simples, a quebra de qualquer ligação no caminho obriga a camada MAC a descartar todos os pacotes de cada utilizador (não existe outro caminho) até que o caminho seja novamente reparado pelo agente de encaminhamento, o que aumenta o número de pacotes perdidos. Por outro lado, quando ocorre uma quebra de ligação na topologia de linha dupla, a camada MAC dos nós intermédios rejeita os pacotes que são dirigidos apenas para os destinos afectados pela quebra de ligação, o que faz com que o número de pacotes perdidos seja menor.

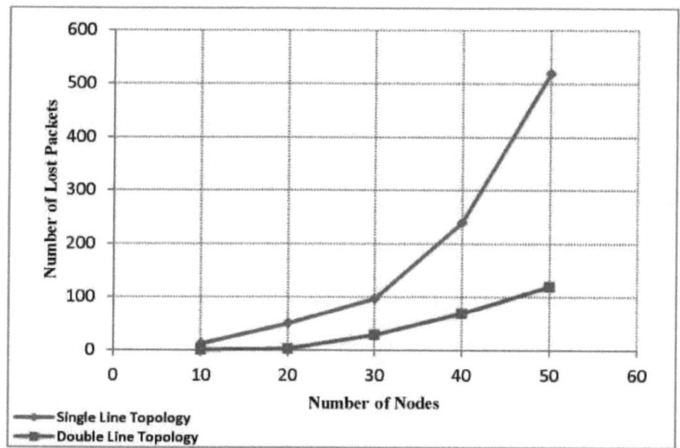

Figura 2.21: Número de pacotes perdidos vs. número de nós para topologias de linha simples e dupla

A Figura 2.22 demonstra que o PTR é melhor ao usar a topologia de linha dupla em comparação com a topologia de linha simples porque a perda de pacotes na topologia de linha dupla é menor do que na topologia de linha simples.

A Figura 2.23 mostra o tempo médio de transmissão de pacotes em função do número de nós entre a origem e o destino para diferentes topologias de rede. A Figura 2.23 mostra que o tempo de transmissão de pacotes na topologia de linha simples é maior em comparação com o tempo de transmissão de pacotes na topologia de linha dupla, porque a contenção de canal na topologia de linha simples é maior do que na de linha dupla; portanto, o nó na linha simples precisa de mais tempo para transmitir seus pacotes.

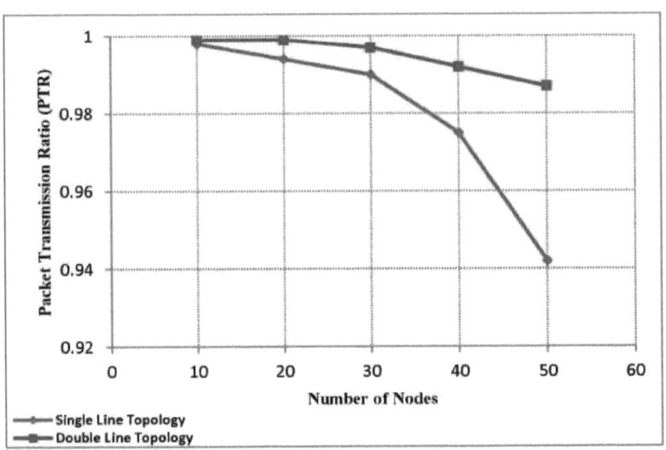

Figura 2.22: Rácio de Transmissão de Pacotes (PTR) vs. Número de Nós para Topologias de Linha Simples e Dupla

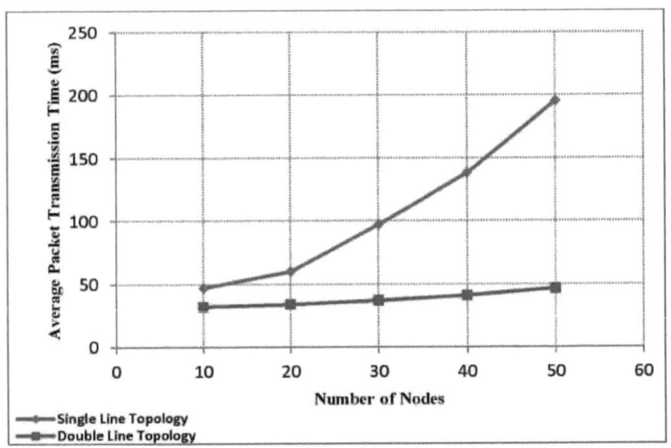

Figura 2.23: Tempo médio de transmissão de pacotes vs. número de nós para topologias de linha simples e dupla

2.7.3.2. Comparação das topologias de linha simples e dupla com base no número variável de utilizadores

Nesta secção, o desempenho da WAHCN é avaliado utilizando diferentes topologias de rede (linha simples e dupla), variando o número de utilizadores. A Figura 2.24 mostra a taxa de transferência da rede (em Kbps) versus o número de utilizadores. Há dois gráficos, cada um correspondendo a uma topologia de rede diferente. Para cada topologia, a taxa de transferência do tráfego da rede diminui com o aumento do número de utilizadores. Isto parece dever-se ao facto de o aumento do número de utilizadores aumentar a contenção do canal e os nós ocultos, o que leva a um aumento da sobrecarga do protocolo da camada MAC. O aumento da sobrecarga do protocolo consome largura de banda, o que leva a uma degradação do débito da rede. Além disso, verifica-se que o débito quando se utiliza a topologia de linha dupla é 7,745% superior ao débito quando se utiliza a topologia de linha simples, porque a utilização da topologia de linha simples significa que existe um único caminho para transferir os dados entre as origens e os destinos de todos os utilizadores. Quando o caminho é desligado entre uma fonte e um destino por qualquer razão, o agente de encaminhamento tem de redescobrir o mesmo caminho para ligar novamente as fontes aos seus destinos. No entanto, a utilização de uma topologia de linha dupla significa que o agente de encaminhamento pode encontrar outro caminho para estabelecer a ligação entre as origens e os destinos.

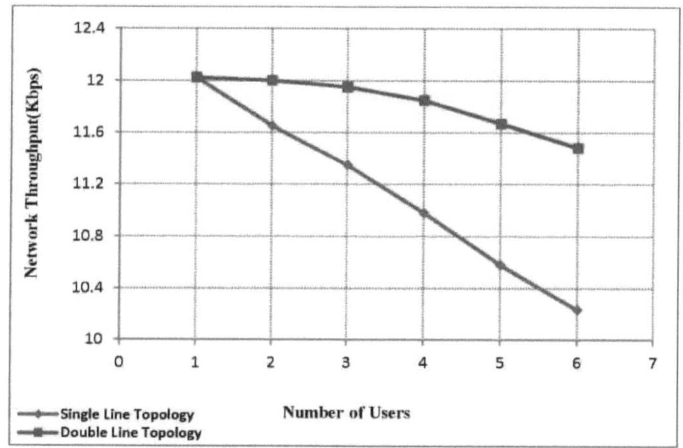

Figura 2.24: Rendimento da rede vs. número de utilizadores para topologias de linha simples e dupla

A Figura 2.25 mostra que o número de pacotes perdidos quando se utiliza a topologia de linha dupla é 54,25% menor do que quando se utiliza a topologia de linha simples, porque, na topologia de linha simples, um aumento do número de utilizadores aumentará a contenção do canal no mesmo caminho, o que conduz a um aumento do número de pacotes perdidos. No entanto, na topologia de linha dupla, a contenção do canal é distribuída por mais de um caminho, o que leva a uma diminuição da perda de pacotes em comparação com um cenário de linha única.

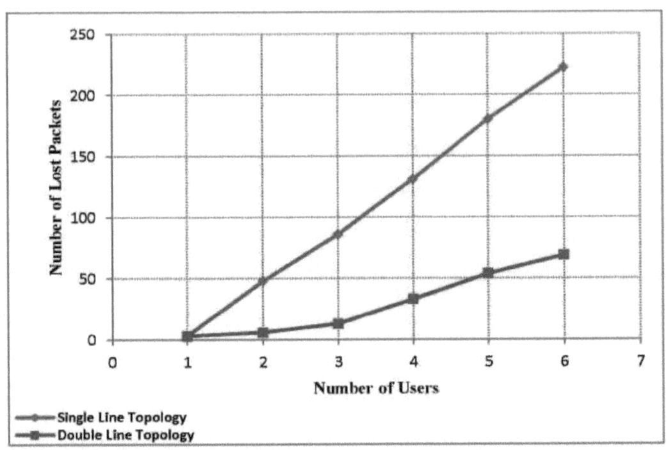

Figura 2.25: Número de pacotes perdidos vs. número de utilizadores para topologias de linha simples e dupla

A Figura 2.26 mostra que o PTR é melhor na topologia de linha dupla do que na topologia de linha simples, porque a contenção de canal na topologia de linha dupla é menor em comparação com a topologia de linha simples, devido à existência de múltiplos caminhos que permitem o envio de mais dados, aumentando assim o rácio de transmissão de pacotes (PTR). Por outro lado, o número de pacotes perdidos na topologia de linha dupla é inferior ao número de pacotes perdidos na topologia de linha simples, o que faz com que o PTR na topologia de linha dupla seja superior ao PTR na topologia de linha simples.

A Figura 2.27 demonstra o tempo médio de transmissão de pacotes em função do número de utilizadores para ambos os cenários (topologias de linha simples e de linha dupla). A Figura mostra que o tempo de transmissão de pacotes aumenta com o aumento do número de utilizadores para ambos os cenários; no entanto, o atraso quando se utiliza o cenário de linha única é maior do que o atraso quando se utiliza o cenário de linha dupla. A razão para isto é que, ao aumentar o número de utilizadores, o número de pacotes à espera de serem enviados na memória intermédia da camada MAC também aumenta e os nós precisam de mais tempo para transmitir os dados quando se utiliza o cenário de linha única, devido à necessidade de encontrar um único caminho nesta topologia.

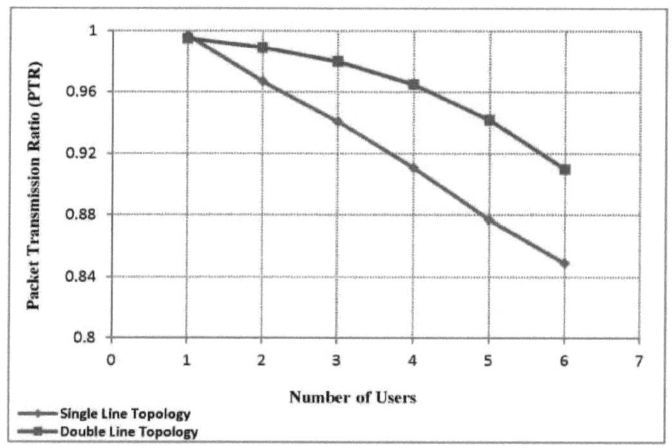

Figura 2.26: Rácio de Transmissão de Pacotes (PTR) vs. Número de Utilizadores para Topologias de Linha Simples e Dupla

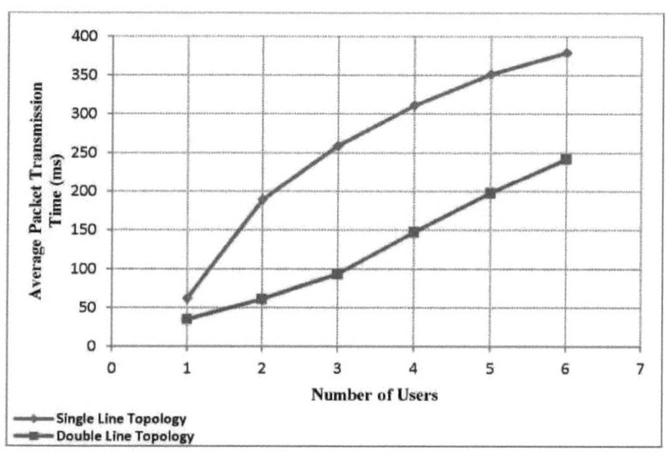

Figura 2.27: Tempo médio de transmissão de pacotes vs. número de utilizadores para topologias de linha simples e dupla

2.8. Análise dos parâmetros de conceção da WAHCN

É necessário ter em conta um certo número de parâmetros para avaliar e analisar o desempenho da WAHCN proposta. Valores diferentes destes parâmetros permitem obter um desempenho diferente da rede. Por conseguinte, os valores destes parâmetros devem ser escolhidos cuidadosamente. Como explicado em [45, 54-55], a quantidade aceitável de perda de pacotes em sistemas de vigilância com uma resolução de imagem de (640 * 480) não deve exceder 9%. Por conseguinte, os valores dos parâmetros de rede devem ser cuidadosamente selecionados para minimizar o número de pacotes perdidos, o que conduz a uma qualidade de imagem aceitável e a um bom desempenho da rede.

2.8.1. Análise da capacidade do canal (largura de banda)

Os desafios de uma rede de câmaras sem fios incluem a disponibilidade de uma largura de banda relativamente menor em comparação com a espinha dorsal com fios, especialmente se muitas câmaras tiverem de partilhar a mesma ligação. A largura de banda atribuída a cada utilizador é inversamente proporcional ao número de utilizadores, uma vez que o aumento da densidade da rede aumenta a quantidade de dados enviados para a rede, o que resulta em mais contenção de canais, colisão de pacotes e outros problemas que podem degradar significativamente o desempenho da rede.

As Figuras 2.28 e 2.29 mostram a taxa de transferência da rede e a taxa de transmissão de pacotes (PTR) em função do número de utilizadores para diferentes capacidades de canal (largura de banda). As figuras mostram que a taxa de transferência da rede e a PTR diminuem com o aumento do número de utilizadores, porque mais utilizadores aumentam a contenção do canal, o que leva a um aumento da sobrecarga do protocolo MAC. O aumento da sobrecarga do protocolo consome a largura de banda, o que leva à degradação do débito da rede e da taxa de transferência. Além disso, a mobilidade dos veículos aumenta a sobrecarga do protocolo de encaminhamento devido à quebra frequente de ligações. Esta sobrecarga também consome largura de banda, o que leva a uma degradação do desempenho da rede. As Figuras (5.28 e 5.29), em conjunto, demonstram que a capacidade do canal de 54 Mbps proporciona maior rendimento e RTP do que as outras capacidades de canal. Isto deve-se ao facto de a maior capacidade de canal permitir que mais utilizadores partilhem o canal sem fios (mais dados a enviar) e, consequentemente, aumentar o débito e a taxa de transferência da rede.

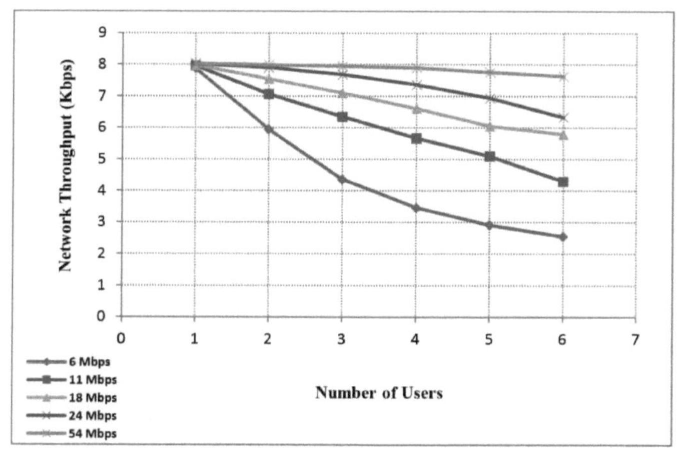

Figura 2.28: Rendimento da rede vs. número de utilizadores para diferentes capacidades de canal

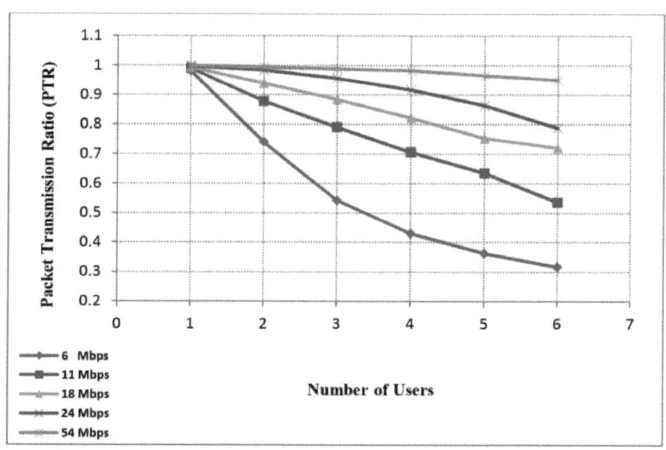

Figura 2.29: Rácio de Transmissão de Pacotes (PTR) vs. Número de Utilizadores para Diferentes Capacidades de Canal

A Figura 2.30 mostra o número de pacotes perdidos versus o número de utilizadores para diferentes capacidades de canal. Para cada capacidade de canal, o número de pacotes perdidos aumenta à medida que aumenta o número de utilizadores. Aparentemente, isso acontece porque um aumento no número de utilizadores significa um aumento no número de nós que podem enviar ou receber ao mesmo tempo. Isto leva a uma maior perda de pacotes devido à contenção do canal e às colisões que ocorrem entre os pacotes. Em contrapartida, o número de pacotes perdidos para uma capacidade de canal pequena é maior do que o número de pacotes perdidos para uma capacidade de canal maior, porque um número crescente de utilizadores diminui a capacidade de canal (largura de banda) atribuída a cada utilizador. A diminuição da largura de banda atribuída a cada utilizador quando se utiliza uma capacidade de canal pequena obriga a que a memória intermédia da camada MAC seja preenchida mais rapidamente do que quando se utiliza uma capacidade de canal maior; consequentemente, quando a memória intermédia da camada MAC está cheia, a camada MAC descarta todos os pacotes excedentários. Isto explica por que razão as perdas de pacotes numa capacidade de canal pequena são maiores do que as perdas de pacotes numa capacidade de canal maior.

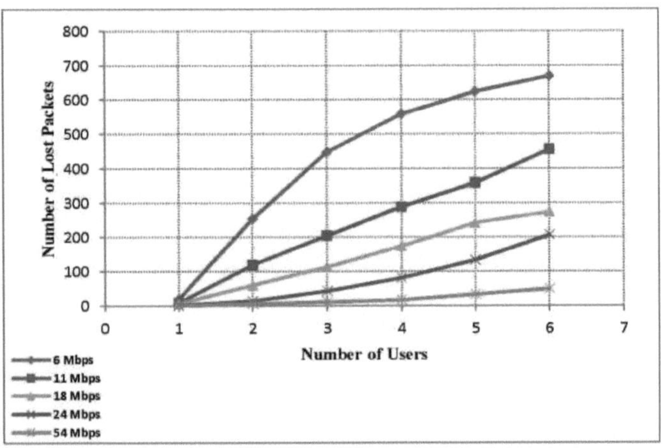

Figura 2.30: Número de pacotes perdidos vs. número de utilizadores para diferentes capacidades de canal

A Figura 2.31 mostra o tempo médio de transmissão de pacotes em função do número de utilizadores para diferentes capacidades de canal. A Figura 2.31 mostra que o tempo de transmissão de pacotes aumenta com o aumento do número de utilizadores. Claramente, isto acontece porque o aumento do número de utilizadores aumenta o número de pacotes que aguardam o envio na memória intermédia da camada MAC e os nós precisam de mais tempo para transmitir os dados. A consequência deste cenário é um aumento do tempo de transmissão dos pacotes, que está correlacionado com o aumento do número de utilizadores. Além disso, a figura também mostra que o tempo de transmissão de pacotes para uma grande capacidade de canal é menor do que o atraso no tempo de transmissão para canais mais pequenos.

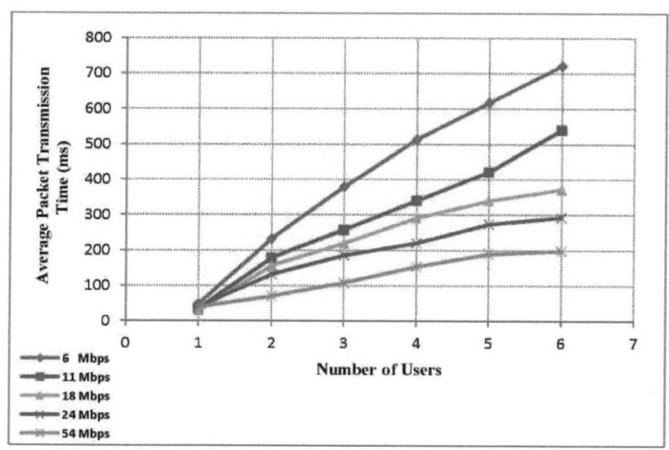

Figura 2.31: Tempo médio de transmissão de pacotes vs. número de utilizadores para diferentes capacidades de canal

2.8.2. Análise da taxa de pacotes

A Figura 2.32 mostra a taxa de transferência média da rede (em Kbps) em relação ao número de utilizadores para diferentes taxas de pacotes. A Figura 2.32 mostra que um número crescente de pacotes (pacotes gerados pela câmara), a chamada "taxa de pacotes", aumenta a quantidade de dados enviados para a rede. Esse envio de dados leva a um aumento da taxa de transferência (quanto maior a taxa de pacotes, maior a taxa de transferência). É de salientar que o débito da rede para os três débitos de pacotes diminui à medida que o número de utilizadores aumenta. Como aumentar o número de utilizadores significa aumentar a quantidade de dados injectados na rede, a consequência é uma maior colisão de pacotes; consequentemente, o débito da rede diminui. Para efeitos de comparação, a diminuição do débito para a taxa de pacotes pequena é inferior à diminuição do débito para a taxa de pacotes maior.

A Figura 2.33 compara a perda de pacotes com o número de utilizadores. Há três gráficos, cada um indicando uma taxa de pacotes diferente. Para cada taxa de pacotes, o número de pacotes perdidos aumenta à medida que o número de utilizadores aumenta. Isso ocorre porque, quando o número de usuários aumenta, isso força a camada MAC a descartar todos os pacotes excedentes em seu buffer. Além disso, o aumento da taxa de pacotes aumenta o número de pacotes em espera no buffer da camada MAC para serem enviados. Todos os pacotes que excedem o seu tempo limite de espera são descartados pela camada MAC. Além disso, a figura mostra que o número de pacotes perdidos para a taxa de pacotes maior é maior do que o número de pacotes perdidos para a taxa menor, porque as taxas de pacotes maiores enchem o buffer da camada MAC mais rapidamente do que as menores.

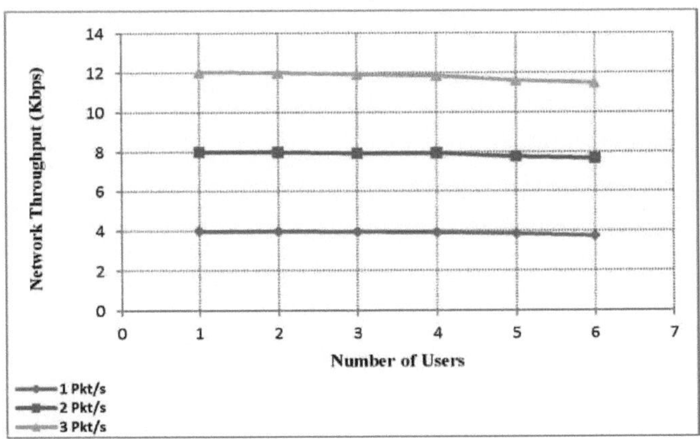

Figura 2.32: Taxa de transferência da rede vs. número de utilizadores para diferentes taxas de pacotes

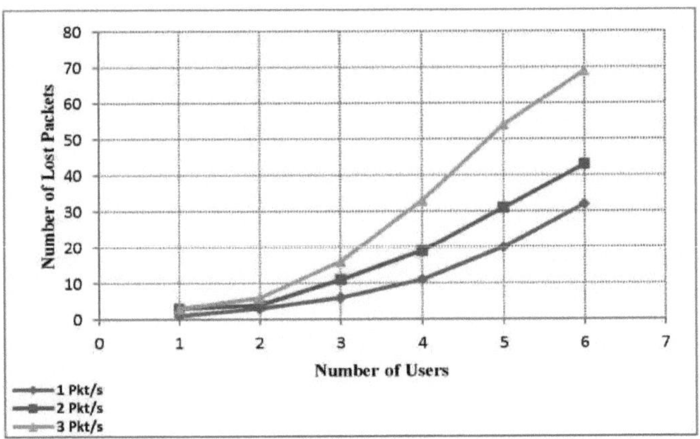

Figura 2.33: Número de pacotes perdidos vs. número de utilizadores para diferentes taxas de pacotes

A Figura 2.34 mostra a taxa de transmissão de pacotes (PTR) em relação ao número de utilizadores para diferentes taxas de pacotes. Para cada taxa de pacotes, o PTR diminui quando há um aumento do número de utilizadores devido a uma maior contenção do canal. A figura mostra que o PTR para a taxa de pacotes mais alta é menor do que o PTR para a taxa de pacotes mais baixa. Pode concluir-se que isto se deve ao facto de, com uma taxa de pacotes mais elevada, os nós necessitarem de mais tempo para transmitir os dados; consequentemente, isto mantém o canal da camada de transporte ocupado, o que afecta o PTR.

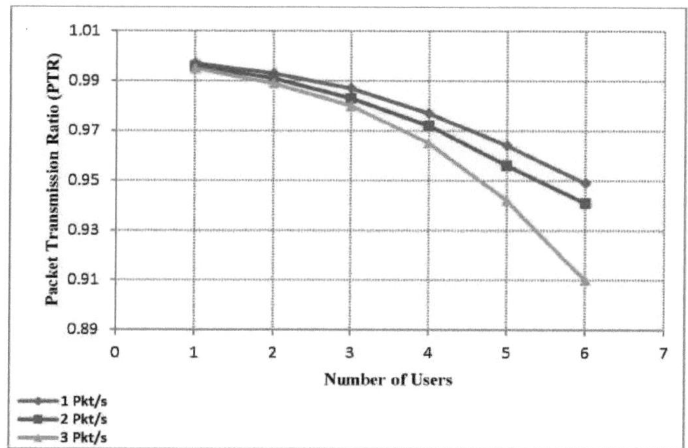

Figura 2.34: Rácio de Transmissão de Pacotes (PTR) vs. Número de Utilizadores para Diferentes Pacotes

Tarifas

A Figura 2.35 mostra o tempo de transmissão de pacotes versus o número de utilizadores para diferentes taxas de pacotes. Para cada taxa de pacotes, o tempo de transmissão de pacotes aumenta à medida que o número de utilizadores aumenta. Isso se deve ao fato de que, com um número maior de usuários, os nós precisam de mais tempo para transmitir os dados, e o aumento da taxa de pacotes aumenta o número de pacotes esperando no buffer da camada MAC para serem enviados, o que, por sua vez, leva a um aumento no tempo de transmissão de pacotes.

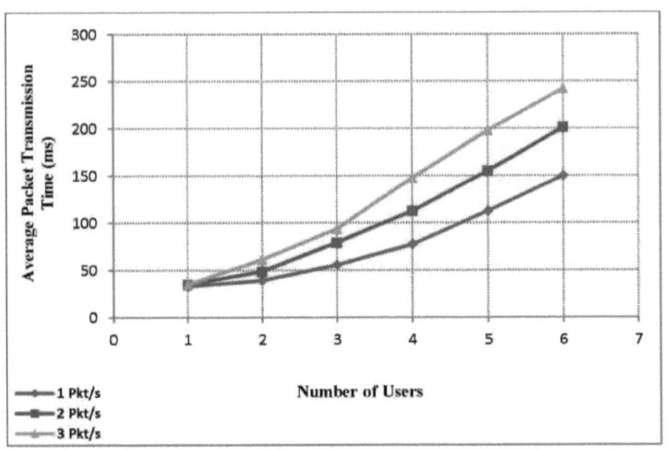

Figura 2.35: Tempo médio de transmissão de pacotes vs. número de utilizadores para diferentes taxas de pacotes

2.8.3. Análise do tamanho do pacote

A Figura 2.36 mostra a taxa de transferência da rede (em Kbps) versus o número de utilizadores para diferentes tamanhos de pacotes. A Figura 2.36 mostra cenários em que o valor da taxa de transferência para um tamanho de pacote maior é maior do que o valor da taxa de transferência para um tamanho menor. Aumentar o tamanho do pacote significa aumentar a quantidade de dados enviados para a rede, o que, por sua vez, aumenta a taxa de transferência da rede. A figura também mostra que o débito da rede diminui à medida que o número de utilizadores aumenta para ambos os tamanhos de pacote (0,5 KB e 1 KB). A diminuição para o tamanho de pacote maior é maior do que a diminuição para o tamanho de pacote menor. Isto deve-se ao facto de o aumento do número de utilizadores obrigar a camada MAC a rejeitar todos os pacotes excedentários, o que leva a uma diminuição do débito da rede.

A Figura 2.37 mostra a perda de pacotes versus o número de utilizadores para diferentes tamanhos de pacotes. A Figura 2.37 mostra que o número de pacotes perdidos aumenta à medida que o número de utilizadores aumenta para ambos os tamanhos de pacote, porque o número de pacotes descartados aumentará devido ao estouro do buffer. Além disso, o número de pacotes perdidos para o tamanho de pacote maior é maior do que o número de pacotes perdidos para o tamanho menor. Neste caso, a "probabilidade de erro" pode ser atribuída: a probabilidade de pacotes errados para o tamanho de pacote maior é maior do que a probabilidade de erro para o tamanho de pacote mais pequeno.

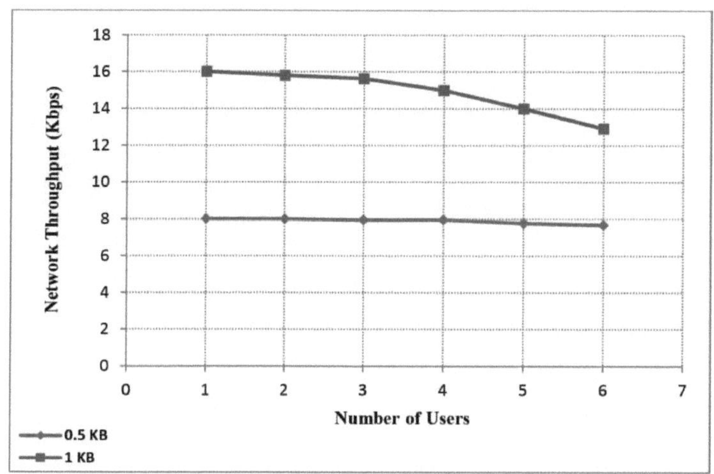

Figura 2.36: Taxa de transferência da rede vs. número de utilizadores para diferentes tamanhos de pacotes

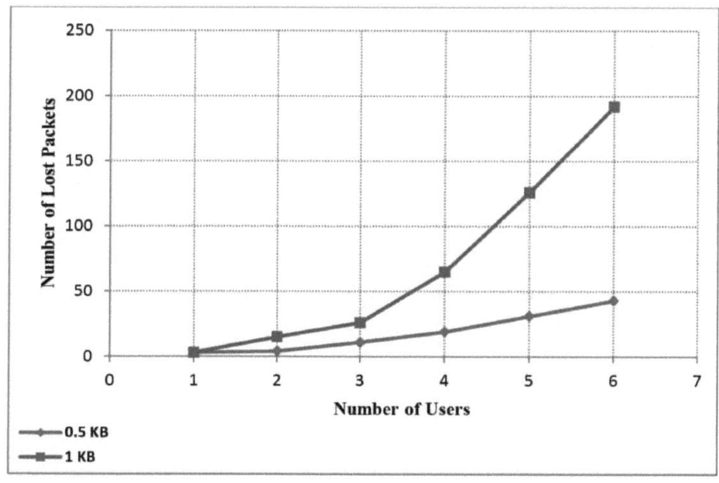

Figura 2.37: Número de pacotes perdidos vs. número de utilizadores para diferentes tamanhos de pacotes

A Figura 2.38 mostra o PTR em função do número de utilizadores para diferentes tamanhos de pacotes. O PTR diminui com o aumento do número de utilizadores para ambos os tamanhos de pacotes. Isto deve-se ao facto de o número de pacotes perdidos aumentar com o aumento do número de utilizadores, como mostra a figura 2.37, e esta perda afecta o valor do PTR. A diminuição do PTR para o tamanho maior de pacote é maior do que a diminuição para o tamanho menor porque o tamanho grande de pacote mantém o canal da camada de transporte ocupado, o que afeta o valor do PTR.

A Figura 2.39 mostra que o tempo médio de transmissão de pacotes de tamanho grande é maior do que o tempo médio de transmissão de pacotes de tamanho pequeno, porque os nós precisam de mais tempo para transmitir um pacote de tamanho maior do que um de tamanho menor. Além disso, se o número de utilizadores for aumentado, haverá um aumento no tempo de atraso da transmissão para ambos os tamanhos de pacote (0,5 KB e 1 KB), porque o aumento do número de utilizadores também aumentará o número de pacotes à espera de serem enviados na memória intermédia da camada MAC.

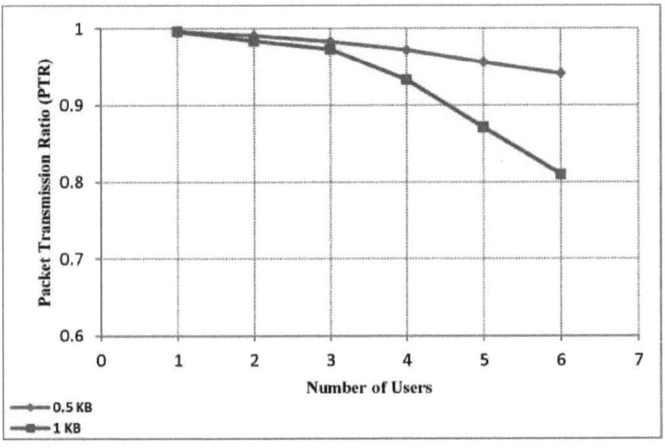

Figura 2.38: Rácio de transmissão de pacotes (PTR) vs. número de utilizadores para diferentes tamanhos de pacotes

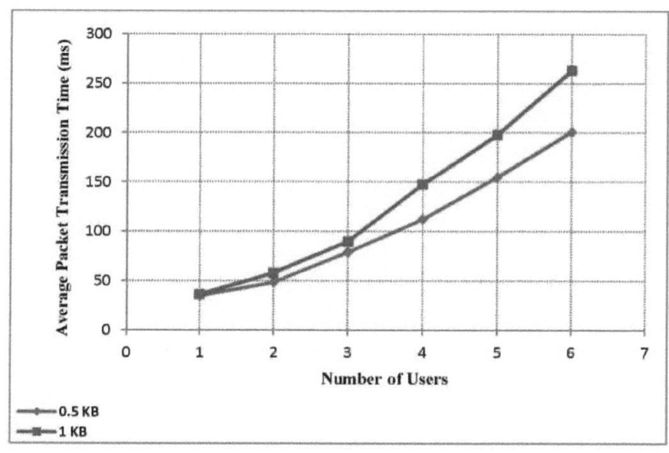

Figura 2.39: Tempo médio de transmissão de pacotes vs. número de utilizadores para diferentes tamanhos de pacotes

2.8.4. Análise da velocidade do veículo

O desempenho da WAHCN é afetado pela frequência das alterações na topologia da rede devido à mobilidade dos veículos. A figura 2.40 mostra o débito da rede (em Kbps) em função da velocidade do veículo para diferentes tamanhos de pacotes e com um número múltiplo de utilizadores. Para cada tamanho de pacote, a taxa de transferência da rede diminui quando a velocidade do veículo aumenta. Isto deve-se ao facto de um aumento da velocidade do veículo aumentar a probabilidade de quebra da ligação e diminuir também o tempo de duração do percurso. A Figura 2.40 mostra também que a diminuição do débito para o pacote de maior dimensão é maior do que a diminuição para o pacote de menor dimensão, porque o pacote de maior dimensão necessita de mais tempo para ser transmitido. Esse tempo pode exceder o tempo de duração do caminho, forçando a camada MAC a atrasar a transmissão do pacote até que o agente de roteamento repare o caminho entre a origem e o destino. O atraso na transmissão do pacote até que o caminho seja reparado aumentará o tempo médio de transmissão do pacote, como mostra a Figura 2.41.

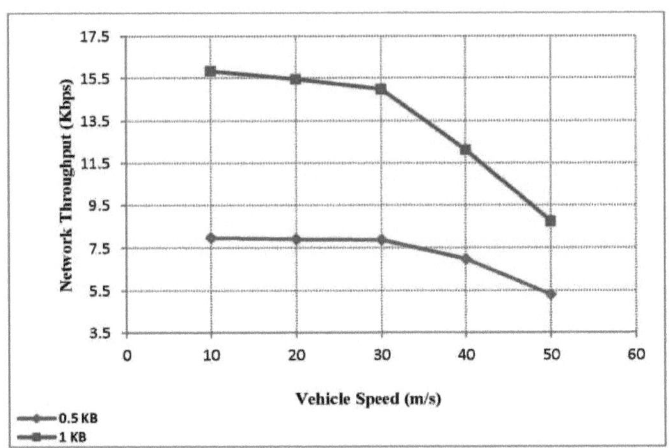

Figura 2.40: Taxa de transferência da rede vs. velocidade do veículo para diferentes tamanhos de pacotes

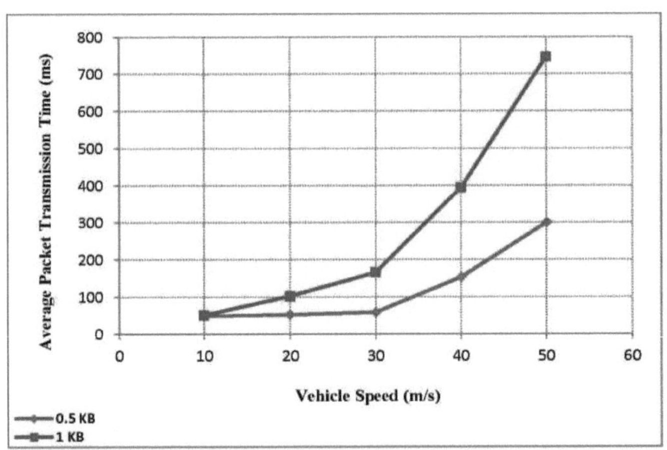

Figura 2.41: Tempo médio de transmissão de pacotes vs. velocidade do veículo para diferentes tamanhos de pacotes

A Figura 2.42 mostra que o número de pacotes perdidos aumenta com o aumento da velocidade do veículo. Isto deve-se ao facto de a camada MAC atrasar a transmissão dos pacotes devido à quebra de ligação. Enquanto espera que a reparação do caminho pelo agente de encaminhamento seja concluída, o pacote pode exceder o seu tempo de espera na memória intermédia da camada MAC. Quando o tempo de espera do pacote expira, a camada MAC descarta o pacote. Na Figura 2.42, pode-se ver que a perda de pacotes para o pacote de maior tamanho é maior do que a perda para o menor, porque a probabilidade de descartar o pacote de maior tamanho (devido a exceder o tempo de espera no buffer da camada MAC) é maior do que para o menor. A perda de pacotes devido ao aumento da velocidade do veículo irá, por sua vez, diminuir a taxa de transmissão de pacotes (PTR), como mostra a Figura 2.43. A diminuição do PTR para o pacote de menor tamanho é menor do que a diminuição para o pacote de maior tamanho.

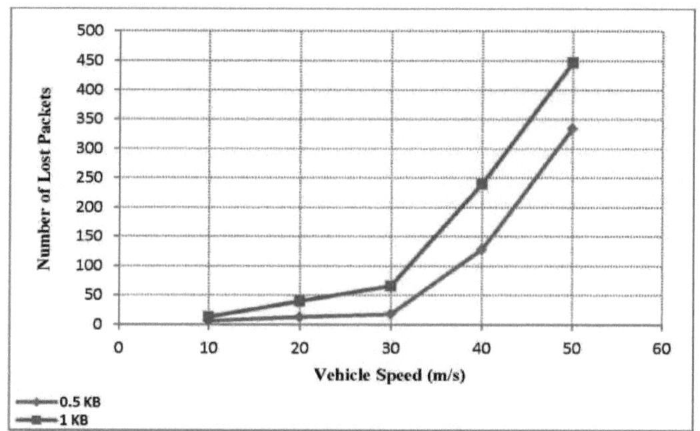

Figura 2.42: Número de pacotes perdidos vs. velocidade do veículo para diferentes tamanhos de pacotes

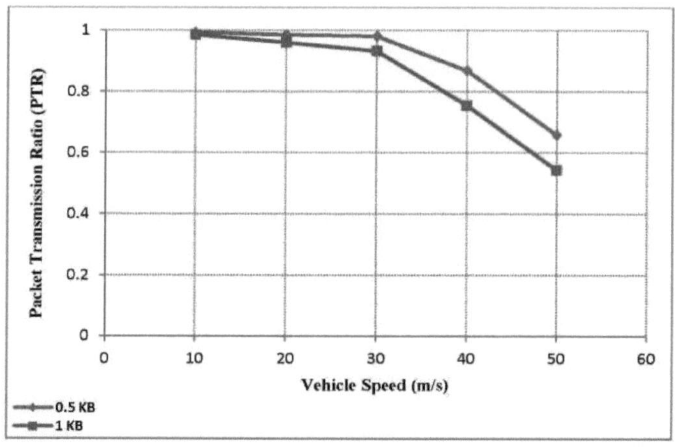

Figura 2.43: Rácio de transmissão de pacotes (PTR) vs. velocidade do veículo para diferentes tamanhos de pacotes

2.9. Resumo

Neste capítulo, são apresentados o projeto, a arquitetura, a modelação, o ambiente de simulação, os cenários e a configuração da rede, bem como as métricas utilizadas para avaliar o desempenho de uma nova rede designada WAHCN para um sistema de vigilância do tráfego. O sistema WAHCN permite que os utilizadores da autoestrada acedam livremente aos dados (informações sobre o estado da autoestrada) da rede do sistema. Permite aos utentes da autoestrada ver o tráfego e as condições da estrada enquanto conduzem o veículo. O sistema WAHCN proposto difere do sistema convencional, uma vez que o sistema proposto não necessita de qualquer infraestrutura adicional ou software especial para permitir que os utilizadores das auto-estradas acedam aos dados do sistema de vigilância das auto-estradas.

Por outro lado, é apresentada neste capítulo uma discussão dos resultados relativos à avaliação e análise dos efeitos de diferentes topologias de rede (topologias de linha simples e dupla) no desempenho de uma WAHCN, com o objetivo de encontrar a melhor topologia que pode ser utilizada no projeto deste tipo de sistemas. Além disso, foi demonstrada a análise dos resultados da configuração e definição dos valores adequados dos parâmetros de projeto (capacidade do canal, taxa de pacotes, tamanho dos pacotes e velocidade óptima dos veículos) que podem proporcionar o melhor desempenho da rede para este tipo de sistemas.

CAPÍTULO 3

LOCALIZAÇÃO DOS NÓS DA CÂMARA NO WAHCN

3.1. Introdução

Embora a localização dos nós da rede seja útil para o agrupamento, o encaminhamento e a construção do mapa da rede, há casos em que um dos nós não tem capacidade de GPS ou os sinais de satélite são bloqueados por obstáculos ou mesmo um recetor GPS é afetado por ruído.

Existem muitos métodos para localizar nós que podem não ter capacidade de receber GPS. Todos eles se baseiam no facto de que a posição de um nó não localizado pode ser determinada se as posições dos nós vizinhos localizados puderem ser obtidas. Esta informação é relativamente fácil de obter utilizando mensagens de publicidade e mecanismos de inundação da rede. Em primeiro lugar, existem métodos que utilizam triangulação e estimativas de distância para vizinhos localizados. Estas estimativas de distância podem ser obtidas examinando as caraterísticas dos sinais de rádio recebidos (ou seja, a localização por rádio) ou através de um método lógico. Em segundo lugar, há métodos que não se baseiam em estimativas de distância, mas tentam delimitar a área em que um nó ainda não localizado deve estar logicamente contido.

Neste capítulo, são descritos a arquitetura, o algoritmo e a modelação de um novo protocolo de localização de nós. O protocolo recentemente concebido baseia-se no alcance de transmissão do nó e dos seus vizinhos para encontrar a localização da câmara pretendida. Por outro lado, representa uma nova técnica de aquisição de imagens que permite aos utilizadores das auto-estradas acederem aos dados da WAHCN sem utilizarem qualquer infraestrutura de posicionamento adicional, e para qualquer distância razoável, o que reduzirá os custos do sistema de vigilância das auto-estradas. O resto do presente capítulo está organizado da seguinte forma: A Secção 3.2 explica as motivações para desenvolver o novo protocolo. A secção 3.3 apresenta a arquitetura do protocolo proposto. Na Secção 3.3 são descritas as etapas de funcionamento do protocolo proposto. A secção 3.4 demonstra o algoritmo do protocolo proposto. Na secção 3.5, é descrito o cálculo do endereço IP da câmara pretendida. A secção 3.6 apresenta os cenários de avaliação e a configuração do modelo. A secção 3.7 apresenta a análise dos resultados da avaliação do protocolo. Finalmente, a Secção 3.8 resume este capítulo.

3.2. Encontrar e solicitar o desenvolvimento do protocolo de câmara pretendido

A principal diferença entre o sistema de vigilância de auto-estradas proposto e o sistema de vigilância de auto-estradas tradicional é que o sistema proposto se centra na técnica de aquisição de imagens. Esta técnica permite aos utilizadores da autoestrada aceder às imagens geradas pela rede de câmaras do sistema. O utilizador da autoestrada pode selecionar qualquer câmara (local) para ver as suas imagens, como mostra a figura 3.1. O problema é saber como é que o sistema encontra eficazmente a câmara desejada selecionada pelo utilizador da autoestrada.

Figura 3.1: Monitorização dos utilizadores da autoestrada

O utilizador da autoestrada pode ter um veículo equipado com GPS. O GPS pode determinar a posição da câmara pretendida. Todos os nós, incluindo o veículo e a câmara, devem estar equipados com GPS. A utilização do GPS tem impacto na operação de seleção e localização da câmara pretendida. Surgem problemas, como situações em que os veículos não conseguem receber sinais GPS em determinados locais, como o interior de túneis. Além disso, os custos actuais da utilização do GPS são elevados. Significativamente, o nó pode ser perdido se ocorrer alguma falha no GPS do nó. Como alternativa, o veículo deve utilizar um método sem GPS para encontrar a localização de uma câmara desejada na WAHCN.

Neste capítulo, é desenvolvido um novo protocolo para gerir a operação de seleção, localização e pedido da câmara pretendida sem utilizar GPS ou qualquer infraestrutura adicional. Este protocolo é designado por protocolo de seleção e procura de posição (SFP). O protocolo SFP permite que a técnica de aquisição de imagens seja utilizada com a WAHCN proposta. Este novo protocolo permite que os condutores de veículos acedam aos dados de imagem recolhidos pela WAHCN, a fim de aumentar a segurança física dos utentes da autoestrada, permitindo-lhes visualizar eficazmente as imagens a partir de qualquer ponto da autoestrada.

3.2.1. Arquitetura do protocolo

O funcionamento do protocolo SFP baseia-se no alcance de transmissão dos nós para encontrar e solicitar a câmara pretendida. O protocolo SFP situa-se na camada de aplicação do modelo de pilha de protocolos das MANET, como se mostra na Figura 3.2.

Figura 3.2: Modelo de pilha de protocolos das MANET

O protocolo SFP gera quatro tipos de mensagens de controlo que se destinam a gerir eficazmente as operações do protocolo. Estas mensagens são:

1. PREQ (pedido de posição): Esta mensagem é enviada pelo veículo a todos os nós de câmara dentro do seu raio de transmissão para solicitar o IP da câmara desejada selecionada pelo condutor do veículo.

2. PREP (repetição de posição): Esta mensagem é gerada por todas as câmaras que receberam o PREQ. A mensagem de controlo PREP contém o endereço IP da câmara

pretendida.

3. IREQ (pedido de imagem): Esta mensagem é gerada pelo veículo e enviada por unicast para a câmara pretendida. A mensagem IREQ pode ser considerada como uma "mensagem de ativação" para a câmara pretendida.

4. IREP (repetição de imagem): Esta mensagem é unicast pela câmara pretendida para o veículo que gerou o IREQ.

Todas as câmaras da rede WAHCN devem conter a nova tabela concebida, que foi designada por "Camera Index Table" (CIT). A CIT contém informações sobre a disposição e os endereços de todos os nós de câmara da WAHCN. A CIT é constituída por um certo número de entradas (é permitida uma entrada por câmara). Cada entrada da tabela contém o ID da câmara (um número de identificação único para cada câmara da WAHCN) e o endereço IP de cada câmara da WAHCN. O TIC é utilizado para encontrar o endereço IP da câmara desejada em relação à distância selecionada pelo condutor do veículo e de acordo com o ID calculado pela Equação 3.1.

$$ID = Current\ Camera\ ID + \frac{RD}{d} \qquad (3.1)$$

Onde

ID: representa o ID da câmara pretendida.

ID da câmara atual: representa a ID da câmara atual que recebeu o PREQ.

RD: representa a distância solicitada entre o veículo e a câmara pretendida, que é definida pelo condutor do veículo.

d: representa a distância entre cada uma das duas câmaras, que é fixada em 250 m nesta investigação.

Qualquer veículo que envie a mensagem PREQ aguardará 1 segundo para receber o PREP. Se o veículo não receber a mensagem PREP dentro do tempo previsto, retransmitirá a mensagem PREQ, e este processo continuará até que o veículo receba a mensagem PREP.

Todas as mensagens de controlo relacionadas com o mesmo veículo (mesma sessão) devem ter o mesmo número de sequência desse veículo, a fim de distinguir entre as mensagens de controlo geradas por veículos diferentes e evitar a repetição das mensagens da mesma sessão. O número de sequência é gerado no veículo adicionando entre si os quatro octetos do endereço

IP do veículo. Por exemplo, se o endereço IP de um veículo for 100.100.10.53, o número de sequência desse veículo será 263. As subsecções seguintes descrevem o formato dos pacotes das mensagens de controlo do protocolo SFP.

3.2.1.1. Formato do pacote da mensagem de controlo PREQ

A figura 3.3 mostra o formato do pacote da mensagem de controlo PREQ. Esta mensagem é gerada e enviada pelo veículo a todos os nós de câmara dentro do seu alcance de transmissão. A mensagem PREQ é composta por quatro partes, como se explica na figura 3.3.

Tipo de mensagem	Gerador de endereço PREQ	Número de sequência	Distância desejada

Figura 3.3: Formato do pacote PREQ

- **Tipo de mensagem**: representa o tipo de mensagem de controlo (0 - para PREQ).
- **Endereço do gerador de PREQ**: representa o endereço IP do veículo que gera este PREQ.
- **Número de sequência**: um número de dois bytes utilizado pela mensagem PREQ para evitar ciclos e para identificar inequivocamente o PREQ em causa.
- **Distância desejada**: um número de quatro bytes que representa a distância entre o veículo e a câmara desejada selecionada pelo condutor do veículo.

3.2.1.2. Formato do pacote da mensagem de controlo PREP

A Figura 3.4 mostra o formato do pacote da mensagem de controlo PREP. Esta mensagem é gerada por todas as câmaras que receberam o PREQ. A mensagem de controlo PREP contém o endereço IP da câmara pretendida. A mensagem de controlo PREP é composta por quatro partes, como se explica na Figura 3.4.

Tipo de mensagem	Endereço de destino	Número de sequência	Endereço do Câmara desejada

Figura 3.4: Formato do pacote PREP

- **Tipo de mensagem**: representa o tipo de mensagem de controlo (1 - para PREP).
- **Endereço de destino**: representa o endereço IP do veículo que gera o PREQ.
- **Número de sequência**: um número de dois bytes utilizado pela mensagem PREP para evitar ciclos e para identificar exclusivamente o PREP em causa.

- **Endereço da câmara pretendida**: representa o endereço IP da câmara pretendida que é selecionada pelo condutor do veículo.

3.2.1.3. Formato do pacote da mensagem de controlo IREQ

A Figura 3.5 mostra o formato do pacote da mensagem de controlo IREQ. Esta mensagem é gerada e enviada por unicast pelo veículo para a câmara pretendida. A mensagem IREQ pode ser considerada como uma "mensagem de ativação" para a câmara pretendida, a fim de receber as suas imagens, ou pode ser considerada como uma "mensagem de terminação" para terminar a ligação com a câmara pretendida, de acordo com o tipo de mensagem (2 - para pedir imagens e 4 - para terminar a ligação). A mensagem IREQ é composta por quatro partes, como mostra a Figura 3.5.

Tipo de mensagem	Endereço da câmara pretendido	Número de sequência	Gerador de endereço IREQ

Figura 3.5: Formato do pacote IREQ

- **Tipo de mensagem**: representa o tipo de mensagem de controlo (2 - para pedido de imagem IREQ e 4 - para terminar a ligação com a câmara pretendida).
- **Endereço da câmara pretendida**: representa o endereço IP da câmara pretendida que é selecionada pelo condutor do veículo para ver o seu campo de visão.
- **Número de sequência**: um número de dois bytes utilizado pela mensagem IREQ para evitar repetições e para identificar exclusivamente o IREQ em causa.
- **Gerador do endereço IREQ**: representa o endereço IP do veículo que enviou o IREQ.

3.2.1.4. Formato do pacote da mensagem de controlo IREP

A Figura 3.6 mostra o formato do pacote da mensagem de controlo IREP. Esta mensagem é gerada e enviada por unicast pela câmara pretendida para o veículo que gera o IREQ. A mensagem IREP pode ser considerada como um "acordo" da câmara pretendida para estabelecer a ligação com o veículo (gerador do IREQ). Esta mensagem é composta por três partes, como mostra a Figura 3.6.

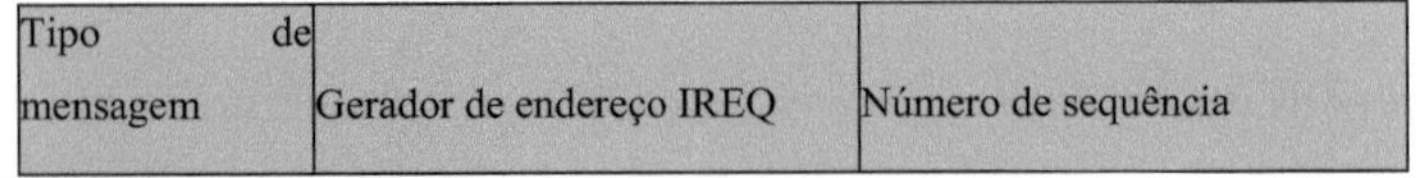

Tipo de mensagem	Gerador de endereço IREQ	Número de sequência

Figura 3.6: Formato do pacote IREP

- **Tipo de mensagem**: representa o tipo de mensagem de controlo (3 - para IREP).

- **Generator of IREQ Address (Endereço do gerador de IREQ)**: representa o endereço IP do veículo que gera o IREQ.

- **Número de sequência**: um número de dois bytes utilizado pela mensagem IREP para evitar ciclos e para identificar exclusivamente o IREP em causa.

3.3. Esboço das etapas de funcionamento do protocolo SFP

O funcionamento do protocolo SFP é muito simples e baseia-se no alcance de transmissão dos nós. Este protocolo tem quatro fases de "aperto de mão". Na Figura 3.7, é apresentado um fluxograma das sequências de funcionamento do protocolo. As etapas de operação do protocolo SFP são:

Passo 1: O condutor de um veículo seleciona o local que pretende ver, introduzindo a distância necessária.

Passo 2: O veículo emite a mensagem de controlo PREQ que contém a distância selecionada pelo condutor de um veículo. O veículo aguarda 1 segundo para receber a mensagem PREP, (Caso contrário) Passa novamente à etapa 2.

Passo 3: A maioria dos nós dentro do alcance de transmissão do veículo recebe a mensagem de controlo PREQ.

Passo 4: Todas as câmaras que receberam a mensagem de controlo PREQ calculam a identificação da câmara pretendida a partir da distância selecionada pelo condutor.

Passo 5: Todas as câmaras que calcularam o ID da câmara pretendida começam a pesquisar o seu CIT para encontrar o endereço IP da câmara pretendida.

Passo 6: Se uma câmara encontrar o endereço IP da câmara pretendida, avança para o passo 7. (Caso contrário) Se não encontrar o endereço IP da câmara pretendida, seleciona o IP da última câmara na CIT.

Passo 7: Todas as câmaras que encontraram o endereço IP da câmara pretendida emitem uma mensagem de controlo PREP. A PREP contém o endereço IP da câmara pretendida e tem o mesmo número de sequência da PREQ.

Passo 8: Se o veículo receber uma mensagem PREP com um número de sequência que corresponda ao número de sequência do PREQ gerado, aceitará essa mensagem PREP. (Caso contrário) Se os números de sequência não coincidirem, o veículo rejeita a mensagem PREP.

Passo 9: Se o veículo aceitar o PREP, ignorará todos os outros PREP(s) enviados por outras câmaras.

Passo 10: O veículo que aceitou o PREP lerá o endereço IP da câmara pretendida a partir da mensagem PREP.

Passo 11: O veículo envia então uma mensagem de controlo IREQ para o endereço IP da câmara pretendida.

Passo 12: Quando a câmara pretendida recebe a mensagem de controlo IREQ, envia uma mensagem de controlo IREP para o veículo e começa a enviar as suas imagens para o veículo que enviou a mensagem IREQ.

Passo 13: Se o veículo receber o IREP, a ligação é estabelecida e começa a receber as imagens; (Caso contrário) o veículo aguarda 2 segundos e passa ao passo 11.

Passo 14: Se o veículo tiver atingido a posição real da câmara pretendida, enviará uma mensagem IREQ (com tipo de mensagem igual a 4) para terminar a ligação com a câmara pretendida; (Caso contrário) continuará a receber as imagens da câmara pretendida.

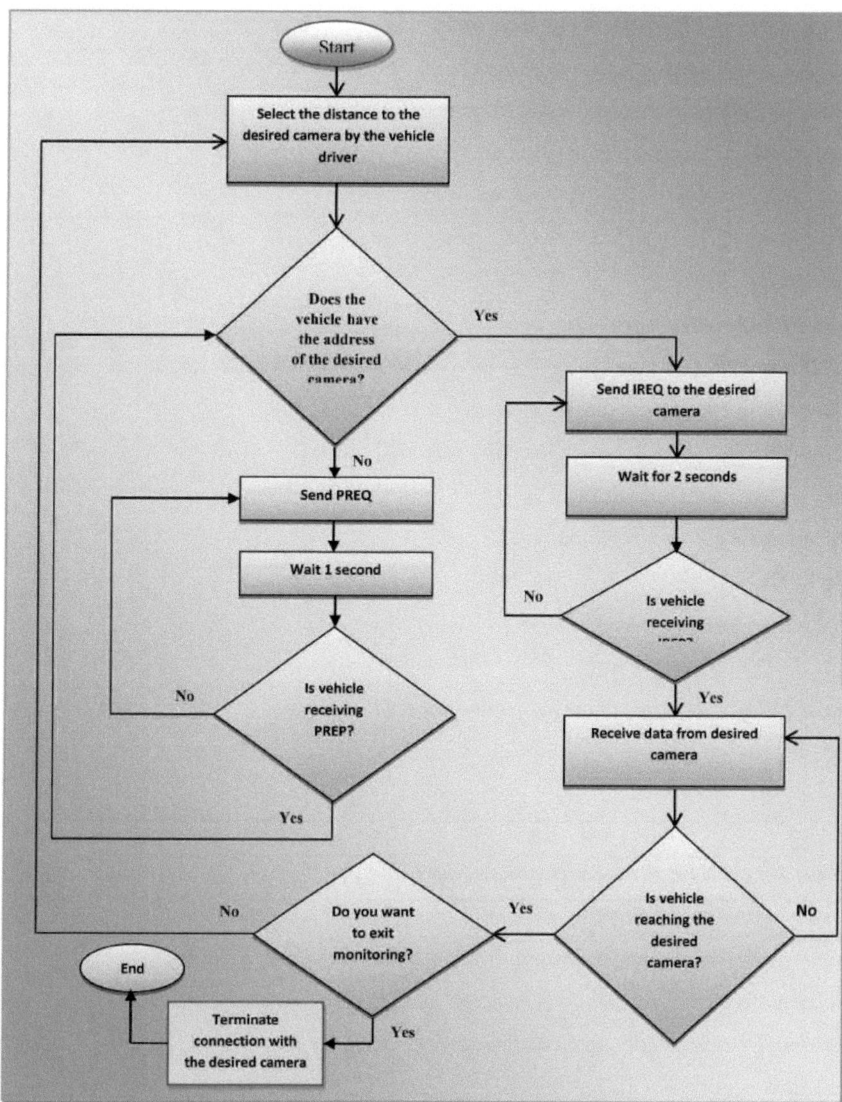

Figura 3.7: Fluxograma do protocolo SFP

3.4. Algoritmos do protocolo SFP

O algoritmo do protocolo SFP divide-se em duas partes principais, a saber

Algorithm 4.1 for SFP Protocol (Vehicle Side)

Vi: the i th vehicle that requires image data from desired camera (DC)

N: number of camera nodes existing in transmission range of vehicle Vi

RD: the requested distance which is selected by the vehicle driver

SeqN: sequence number related to each vehicle Vi

***For** all Vi Do*

*Generate **SeqN***

*Generate **PREQ** control message*

Insert RD** into **PREQ

Insert SeqN** into **PREQ

*Broadcast **PREQ** control message for each period **T** second*

End for

***if** Vi **Receives PREP** control message*

*Read **IP** of **DC***

***For** all Vi Do*

*Generate **IREQ** control message*

*Broadcast **IREQ** control message for each period **2T** seconds*

End for

End if

Algorithm 4.2 for SFP Protocol (Camera Side)

Vi: the i th vehicle that requires image data from desired camera (DC)

N: number of camera nodes existing in transmission range of vehicle Vi

RD: the requested distance which is selected by the vehicle driver

d: the distance between each two camera nodes

***For** all Vi Do*

*Broadcast **PREQ** control message for each period **T** second*

End for

For** all ni ∈ N **Do

Receive** the **PREQ

*Compute the **ID** of DC: **ID= current camera ID** +* $\frac{RD}{d}$

Read** the **IP** related to computed **ID** from **CIT

If** IP found **Then

Insert** the **IP** of the **DC** into **PREP

End if

Else** read the **IP** of last camera node in the **CIT

Insert** the **IP** of the **DC** into **PREP

End Else

*Broadcast **PREP***

End for

3.5. Cálculo do endereço IP da câmara pretendida

Todos os nós de câmara que recebem a mensagem de controlo PREQ gerada por qualquer veículo iniciam o processo de cálculo do endereço IP da câmara pretendida, conforme ilustrado abaixo.

1. Ler a distância que foi introduzida pelo condutor do veículo (RD) a partir da mensagem PREQ.

2. Encontre a ID da câmara pretendida utilizando a Equação 3.1.

Por exemplo, se o utilizador da autoestrada quiser ver as imagens de uma câmara colocada 10 km à frente, a rede deve localizar o ID dessa "câmara desejada". Supondo que o ID da câmara que recebeu o PREQ enviado por este veículo é o ID# 12 (valor = 12) em relação ao número total de nós câmara da rede WAHCN, então o ID da câmara desejada, de acordo com a Equação 3.1, é igual a 52.

3. A câmara pesquisa o seu CIT para encontrar o endereço IP da câmara relacionado com a ID calculada.

4. A câmara insere o endereço IP obtido a partir do CIT na mensagem PREP e transmite-a.

3.6. Cenários de avaliação para o protocolo SFP

Como mencionado na secção (3.2), o protocolo SFP é utilizado para selecionar e encontrar a câmara pretendida, que é selecionada pelo condutor do veículo. Por conseguinte, o tempo necessário para encontrar a câmara pretendida é um parâmetro de avaliação muito importante. Neste contexto, a avaliação do protocolo SFP é feita em relação ao tempo necessário para o veículo estabelecer a ligação com a câmara pretendida. São efectuados dois cenários para avaliar o protocolo SFP. São eles:

1. Verificar o tempo de ligação estabelecido para ligar uma câmara a um veículo, alterando o número de nós entre o veículo e a câmara pretendida. Este teste avalia o efeito da distância entre o veículo e a câmara pretendida no desempenho do protocolo SFP nas topologias de linha simples e dupla.

2. Verificar o tempo de ligação estabelecido para ligar uma câmara a um veículo, alterando a velocidade dos veículos. Este teste avalia o efeito das diferentes velocidades dos veículos no desempenho do protocolo SFP nas topologias de linha simples e dupla.

3.7. Avaliação do desempenho do protocolo SFP

O tempo necessário para encontrar a câmara pretendida é um parâmetro de avaliação extremamente importante. Por isso, a avaliação do protocolo SFP é feita em relação ao tempo necessário para o veículo estabelecer a ligação com a câmara pretendida. A Figura 3.8 mostra que o tempo necessário para estabelecer a ligação entre o veículo que enviou o PREQ e a câmara desejada aumenta quando o número de nós aumenta entre eles. Isto deve-se ao facto de a distância ter aumentado.

A Figura 3.8 também mostra que o tempo necessário para estabelecer a conexão na topologia de linha dupla é 23,611% menor do que quando se usa a topologia de linha simples. Isto deve-se ao facto de, numa topologia de linha simples, apenas dois nós estarem dentro do alcance de transmissão do veículo em qualquer momento; por conseguinte, a probabilidade de perder as mensagens PREQ e PREP aumenta, especialmente se o veículo se deslocar a uma velocidade elevada, o que implica um aumento do tempo necessário para estabelecer a ligação. Em contrapartida, na topologia de linha dupla, o número de nós que tentam encontrar a localização de uma câmara desejada é maior do que na topologia de linha simples. Isto reduzirá, portanto, a probabilidade de não receção pelo veículo do endereço da câmara pretendida (receção de PREP).

A Figura 3.9 mostra que o tempo necessário para estabelecer a ligação entre o veículo que enviou o PREQ e a câmara pretendida aumenta quando a velocidade do veículo aumenta. Isto deve-se ao facto de a probabilidade de perder o PREQ e o PREP devido ao aumento da velocidade do veículo aumentar, e esta perda, por sua vez, aumentará o tempo de estabelecimento da ligação. A Figura 3.9 também mostra que o tempo necessário para estabelecer a conexão na topologia de linha dupla é menor do que quando se usa a topologia de linha simples, porque a contenção de canal na topologia de linha simples é maior do que a contenção na topologia de linha dupla.

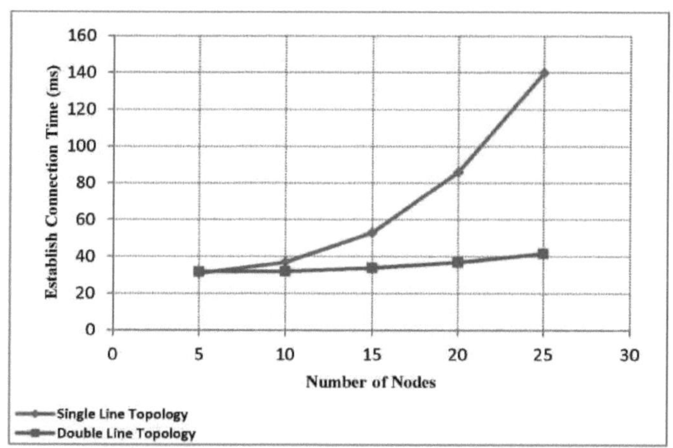

Figura 3.8: Tempo de estabelecimento de ligação vs. número de nós entre a origem e o destino utilizando o protocolo SFP para topologias de linha simples e dupla

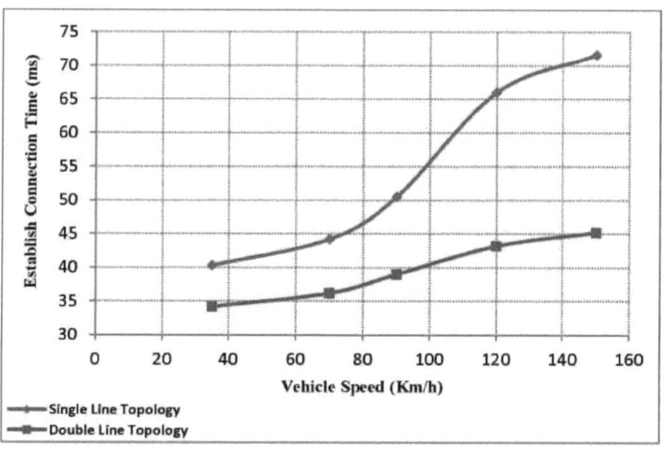

Figura 3.9: Tempo de estabelecimento da ligação vs. velocidade do veículo utilizando o protocolo SFP para topologias de linha simples e dupla

3.8. Resumo

O projeto e o funcionamento de um protocolo de localização recentemente concebido, denominado protocolo SFP, foram apresentados neste capítulo. O protocolo SFP é importante para gerir eficazmente a operação de seleção, localização e pedido da câmara desejada sem utilizar o GPS. O protocolo SFP representa uma nova técnica de aquisição de imagens que permite aos utilizadores aceder aos dados da WAHCN sem utilizar qualquer infraestrutura adicional e a uma distância razoável, o que reduzirá os custos.

Neste capítulo, é também apresentada uma análise dos resultados da avaliação do protocolo SFP. A conceção do protocolo foi avaliada no que respeita ao tempo necessário para estabelecer uma ligação entre o veículo e uma "câmara desejada" específica. A avaliação é efectuada variando o número de nós entre a origem e o destino e variando o número de utilizadores de cada vez.

REFERÊNCIAS

[1] F. Qureshi e D. Terzopoulos, "Smart Camera Networks in Virtual Reality," *Proceedings of the IEEE,* vol. 96, pp. 1640-1656, 2008.

[2] U. Ramachandran, *et al.*, "Large-Scale Situation Awareness With Camera Networks and Multimodal Sensing," *Proceedings of the IEEE,* vol. 100, pp. 878-892, 2012.

[3] S. Funiak, *et al.*, "Distributed localization of networked cameras," in *Information Processing in Sensor Networks, 2006. IPSN 2006. The Fifth International Conference on*, 2006, pp. 34-42.

[4] P. A. Collinson, "The application of camera based traffic monitoring systems," in *CCTV and Road Surveillance (Ref. No. 1999/126), IEE Seminar on*, 1999, pp. 8/1-8/6.

[5] C. Wen-Tsuen, *et al.*, "Design and Implementation of a Real Time Video Surveillance System with Wireless Sensor Networks," in *Vehicular Technology Conference, 2008. VTC primavera 2008. IEEE*, 2008, pp. 218-222.

[6] C. K. Toh, *Ad Hoc Mobile Wireless Networks: Protocolos e Sistemas*: Prentice Hall, 2001.

[7] M. M. Rabiee, "Local Area Network (LAN) in Manufacturing," *Journal of Industrial Technology,* vol. 5, 1999

[8] W. Stallings, *Local and Metropolitan Area Networks*. Upper Saddle River: Prentice-Hall, 1997.

[9] O. Sharon e M. Spratt, "A CSMA/CD compatible MAC for real-time transmissions based on varying collision intervals," in *INFOCOM '98. Décima Sétima Conferência Anual Conjunta das Sociedades de Computadores e Comunicações do IEEE. Proceedings. IEEE*, 1998, pp. 1265-1272 vol.3.

[10] T. S. Rappaport, *Wireless Communications Principles and Practice*, 2 ed.: Prentice-Hall, 2002.

[11] "Tecnologias da informação - telecomunicações e informação, camada física de alta velocidade na banda de 5 GHz", *ISO/IEC 8802-11:1999/Amd 1:2000(E); IEEE Std 802.11a-1999,* pp. i-83, 2000.

[12] "Supplement to IEEE Standard for Information Technology- Higher-Speed Physical

Layer Extension in the 2.4 GHz Band", *IEEE Std 802.11b-1999,* pp. i- 90, 2000.

[13] H. Zhai, *et al.*, "Performance analysis of IEEE 802.11 MAC protocols in wireless LANs," *Wireless Communications and Mobile Computing* vol. 4 pp. 917-931, 2004.

[14] J. Sengupta e E. G. S. Grewal, "Performance evaluation of IEEE 802.11 MAC layer in supporting delay sensitive services", *International Journal of wireless and mobile networks,* vol. Vol. 2, pp. pp42-53, 2010.

[15] T. Lin, "Mobile Ad-hoc Network Routing Protocols:Methodologies and Applications," PhD, Computer Engineering, Virginia Polytechnic Institute and State University, 2004.

[16] S.Sumathy, *et al.*, "Survey and Analysis of various Routing Techniques and Metrics in Wireless Networks," *International Journal of Computer Applications,* vol. 11, 2010.

[17] R. R. Roy, *Handbook of Mobile Ad Hoc Networks for Mobility Models [Manual de redes móveis ad hoc para modelos de mobilidade*]. Londres: Springer, 2011.

[18] R. Ramanathan e J. Redi, "A brief overview of ad hoc networks: challenges and diretions", *Communications Magazine, IEEE,* vol. 40, pp. 20-22, 2002.

[19] W. C. Fifer e F. J. Bruno, "The low-cost packet radio," *Proceedings of the IEEE,* vol. 75, pp. 33-42, 1987.

[20] R. E. Kahn, *et al.*, "Advances in packet ratio technology," *Proceedings of the IEEE,* vol. 66, pp. 1468-1496, 1978.

[21] G. Lauer, "Address servers in hierarchical networks," in *Communications, 1988. ICC '88. Digital Technology - Spanning the Universe. Registo da Conferência, IEEE International Conference on*, 1988, pp. 443-451 vol.1.

[22] G. Papastergiou, *et al.*, "Deep-Space Transport Protocol: A Novel Transport Scheme for Space DTNs," *Computer Communications journal,* vol. 32, pp. 1757-1767, ScienceDirect, 2009.

[23] H. Samuel, *et al.*, "DTN Based Dominating Set Routing for MANET in Heterogeneous Wireless Networking," *journal of mobile networks and applications,* vol. 14, p. Springer. , 2009.

[24] T. Kuo, *et al.*, "Design and implementation of a wide area, large-scale camera network," in *Computer Vision and Pattern Recognition Workshops (CVPRW), 2010 IEEE Computer*

Society Conference on, 2010, pp. 25-32.

[25] W. Tao, *et al.*, "A Novel Video Monitoring System Based on Wireless Mesh Network," in *Computing, Communication, Control, and Management, 2008. CCCM '08. Colóquio Internacional do ISECS*, 2008, pp. 542-546.

[26] N. Hoang, *et al.*, "VideoWeb: Design of a wireless camera network for realtime monitoring of activities", em *Distributed Smart Cameras, 2009. ICDSC 2009. Third ACM/IEEE International Conference on*, 2009, pp. 1-8.

[27] C. Axis, "Câmara de rede, DVR e servidores de vídeo", Axis Communications 2002.

[28] "IEEE Draft Standard for High Performance Serial Bus," *IEEE Unapproved Draft Std P1394b, Nov 16, 2001,* 2001.

[29] G. Mendelson. Power over Ethernet em aplicações de segurança baseadas em IP Convergência de vídeo, dados e energia [Online].

[30] S.Tamilarasan e P. A. A. saleem, "Performance Analysis and Comparison of Different Routing Protocols in MANET," *International Journal of Computer Science and Network Security* vol. 11 pp. pp87-92, 2011.

[31] M. Guizani, *Wireless Communications Systems and Networks*. Estados Unidos da América - Nova Iorque: Kluwer Academic Publishers, 2004.

[32] S. M. Almajnooni, "Ad Hoc Network (MANET) For Inter-Vehicle Communications," Doctor of Philosophy, School of Electrical, Electronic and Computer Engineering, Newcastle University, 2007.

[33] A. Boukerche, *ALGORITMOS E PROTOCOLOS PARA REDES AD HOC SEM FIO E MÓVEIS*. Hoboken, Nova Jersey: John Wiley & Sons, Inc., 2009.

[34] T. Issariyakul, *et al.*, *Medium access control protocols for wireless mobile ad hoc networks: issues and approaches*: John Wiley & Sons, Ltd., 2003.

[35] S. Basagni, *et al.*, *MOBILE AD HOC NETWORKING*. 111 River Street, Hoboken, NJ 07030, (201) 748-6011: JOHN WILEY & SONS, INC., 2004.

[36] M. Abolhasan, *et al.*, "A review of routing protocols for mobile ad hoc networks," *Journal of Ad Hoc Networks,* vol. Vol. 2, pp. pp1-22, 2004.

[37] M. Mauve, *et al.*, "A survey on position-based routing in mobile ad hoc networks",

Network, IEEE, vol. 15, pp. 30-39, 2001.

[38] H. Füβler, *et al., "A* Comparison of Routing Strategies for Vehicular Ad Hoc Networks," Department for athematics and Computer Science, University of Mannheim TR-02-003, 2002.

[39] J. A. Paradiso e T. Starner, "Energy scavenging for mobile and wireless electronics", *Pervasive Computing, IEEE,* vol. 4, pp. 18-27, 2005.

[40] H. Alshaer e E. Horlait, "An optimized adaptive broadcast scheme for intervehicle communication," in *Vehicular Technology Conference, 2005. VTC 2005-primavera. 2005 IEEE 61st*, 2005, pp. 2840-2844 Vol. 5.

[41] A. J. Goldsmith e S. B. Wicker, "Design challenges for energy-constrained ad hoc wireless networks", *Wireless Communications, IEEE,* vol. 9, pp. 8-27, 2002.

[42] Y.-c. Tseng, *et al.*, "Energy-Efficient Topology Control for Wireless Ad Hoc Sensor Networks," *Journal of Information Science and Engineering,* vol. 20, pp. pp. 27-37, 2004.

[43] L. Nan, *et al.*, "Measurement study on wireless camera networks," in *Distributed Smart Cameras, 2008. ICDSC 2008. Segunda Conferência Internacional ACM/IEEE*, 2008, pp. 1-10.

[44] L. A. Larzon, *et al.*, "Efficient use of wireless bandwidth for multimedia applications", em *Mobile Multimedia Communications, 1999. (MoMuC '99) 1999 IEEE International Workshop on*, 1999, pp. 187-193.

[45] M. H. Pinson, *et al.*, "Video Performance Requirements for Tactical Video Applications," in *Technologies for Homeland Security, 2007 IEEE Conference on*, 2007, pp. pp.85-90.

[46] D. S. Homeland, "Tactical and Surveillance Video Quality Experiments", Departamento de Segurança Interna

Relatório técnico DHS-TR-PSC-07-03, novembro de 2007.

[47] T. Taleb, *et al.*, "A Stable Routing Protocol to Support ITS Services in VANET Networks," *Vehicular Technology, IEEE Transactions on,* vol. 56, pp. 3337-3347, 2007.

[48] C. E. Perkins, *et al.*, "Performance comparison of two on-demand routing protocols for ad hoc networks," *Personal Communications, IEEE,* vol. 8, pp. 16-28, 2001.

[49] (2003, IEEE 802.11g. *O novo padrão de LAN sem fio dominante* [802.11g- WHITE PAPER104-R]. Disponível:
http://www.dell.com/downloads/global/shared/broadcom 802 11 g.pdf

[50] H. Cui, *et al.*, "Medium access control scheme supporting real-time traffic with power control in wireless ad hoc networks," *Communications, IET,* vol. 4, pp. 377-383, 2010.

[51] G. Bianchi, "Performance analysis of the IEEE 802.11 distributed coordination function," *Selected Areas in Communications, IEEE Journal on,* vol. 18, pp. 535-547, 2000.

[52] J. Korhonen e Y. Wang, "Effect of packet size on loss rate and delay in wireless links," in *Wireless Communications and Networking Conference, 2005 IEEE*, 2005, pp. 1608-1613 Vol. 3.

[53] A. Varga, "Using the OMNeT++ discrete event simulation system in education," *Education, IEEE Transactions on,* vol. 42, p. 11 pp., 1999.

[54] S. D. Homeland, "Tactical and Surveillance Video Quality Experiments", Department of Homeland Security, Relatório Técnico DHS-TR-PSC-07-03, 2007.

[55] S. D. Homeland, "public safety statement of requirements for communication and interoperability", *Journal of Science and Technology,* vol. Vol. 2, Ver 1.2, 2008.

Printed by Books on Demand GmbH, Norderstedt / Germany